인생의 킹핀

인생의 킹핀

발행일 2023년 07월 13일

지은이 REBEL
진행 송재형
편집 이흥기 안수현
디자인 이흥기 안수현 조은재 김태호
교정 김태호 김민정 김주태 문혜영 배정훈 염태규 장정아 최한희
마케팅 전략 학교를세운다 마케팅팀
발행처 더킹핀
출판등록 2023년 6월 22일 제 2023-000011 호
주소 부산광역시 부산진구 서전로 8 7층 07-116 (부전동)
이메일 webuildaschool@gmail.com
ISBN 979-11-983723-0-7

돈 · 의미 · 인정 · 명예 · 관계 · 성장 · 행복

인생의 킹핀

REBEL 지음

The Kingpin

모든 것을 한꺼번에 얻는 단 1개의 수

더 킹핀

볼링에서 스트라이크를 치려면 가운데 숨겨진

5번 핀을 노려야 한다.

이 5번 핀을 '킹핀'이라고 부른다.

마찬가지,

삶이라는 게임에도 킹핀이 존재하지 않을까?

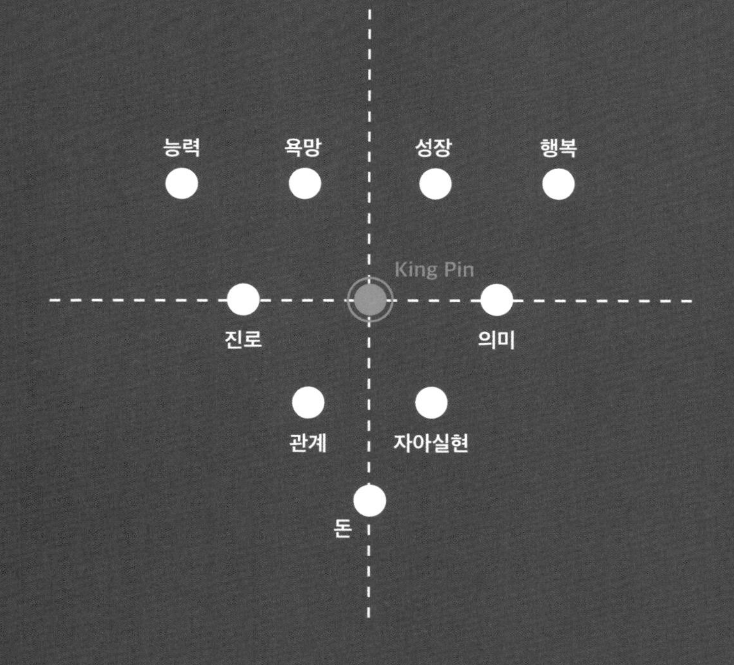
능력
욕망
성장
행복
King Pin
진로
의미
관계
자아실현
돈

Prologue

게임의 규칙에 올라타다

나를 키워낸 것은 전적으로 세상이다.

나는 인격적으로도 능력으로 보더라도 아무것도 내세울 것이 없었던 아이였다. 아버지는 부산 상남자로 엄격한 아들 상이 있으셨다. 참 많이도 맞았다. 아버지와 갈등으로 고등학교 3년간 가출을 했다. 나는 항상 분노와 열등감, 복수심에 가득 차 있었다. 가정은 무너졌고 동생들과 부모님, 할머니에게 마음의 큰 상처를 주었다. 학교에서는 항상 요주의 학생이었고 공부도 거의 하지 않았다. 고3이 될 때까지 수학 과목이 수1 수2로 나뉘는지도 몰랐다.

며칠간 외할머니 댁에 머물렀던 적이 있다. 새벽에 잠이 깨서 마루로 나갔다. 할머니가 눈물로 기도하고 계신 모습을 보았다. "제가 힘은 없지만, 하늘께서 꼭 이 아이를 이끌어 주세요." 어린 마음이었지만 누군가가 나를 위해 간절하게 염원하는 그 모습이 가슴에 파고들었다.

Problem. 어떻게 살 것인가?

'적어도 대학에 들어가야겠다' 싶었다. 고3 때부터는 나름 공부를 시작했다. 그렇게 지방 건축학과에 들어가게 되었다. 첫 과제가 떠오른다. "내가 살고 싶은 집을 직접 설계하고 우드락으로 모형을 만들어 보는 것이었다. 어릴 때부터 만들기 하나는 자신이 있었다. 처음으로 공부 잘한다는 소리를 들어봤다. 그래서였을까. 건축 설계는 나름 재미를 붙일 수 있었다.

그때부터 전국에 있는 건축 책은 다 읽기 시작했다. 하루에 한 권씩. 밥 먹는 시간을 제외하고는 책을 달고 살았다. 건축이야말로 내 열등감과 분노를 승화시킬 수 있는 수단이라고 생각했다. 승효상 씨, 민현식 씨, 이일훈 씨, 김광현 교수, 르 코르뷔지에, 피터 줌터, 미스 반 데어 로에 등등. 활자로 만날 수 있는 스승들을 보며 설레었다. 그때 담당 교수님께서도 건축이 얼마나 재밌는 것인지 일깨워 주셨고 내 노력을 알아봐 주셨다. '넌 꼭 건축을 해라'라는 조언이 아직도 떠오른다. 어느 순간 건축으로 나를 증명할 수 있겠다는 확신을 얻게 되었다.

나는 내 힘으로 세상에서 살아남아야 했다. 아버지 사업이 완전히 무너지고 기댈 수 있는 곳이 없었다. 3학년이 되어서는 학교에 라꾸라꾸 침대를 가져다 놓고 숙식을 하고 살았다. 집에 가지 않았다. 공모전에서 내 실력을 쌓고 싶었기 때문이었다. 컴퓨터를 때다가 친분이 있었던 5학년 선배 책상 옆에 설치했다. 하나라도 더 배우고 싶었다. 밤새도록 작업을 하고 동이 틀 때쯤이면 책상 밑에 침대를 펼치고 쪽잠을 잤다. 작업이 안 풀릴 때면 혼자 옥상에 올라가서 펑펑 울고 내 부족한 머리와 실력을 한탄하곤 했다. 그러고 나면 마음이 좀 편해졌다. 그렇게 사람들이 1년에 1, 2개 나갈 공모전을 1년에 7~8개씩 나갔고 모두 상위 0.1% 결과를 낼 수 있었다. 치열하게 살았다.

그 경험을 바탕으로 다른 학교 건축학과 학생들과 독서 모임을 운영했다. 거기서 내가 배우고 경험한 공모전 노하우와 건축 지식을 공유했다. 그때부터다. 내가 누군가에게 도움이 된다면 거기서 오는 기쁨이 정말 크다는걸 알게 되었다. 보상 바라지 않고 도왔던 것이 기회로 돌아왔다. “오빠 생각이 났어요. 고마워서요!” 서울에 가장 큰 설계 사무소에 취업하게 된 다른 학교 학생의 연락이었다. 회사 인턴쉽을 진행하는데, 참가할 수 있겠냐는 연락이었다. 꿈의 회사였고 큰 기회였다.

하지만 기대도 잠시, 큰 불안감이 찾아왔다. 실제로 가서 본 건축 환경은 꿈과는 달랐다. 어느 날 한 소프트웨어 회사가 설계사무소로 찾아와 브리핑하는 자리에 참여하게 되었다. 건축 A.I 소프트웨어를 시현하는 자리였다. 나는 충격을 받았다. 한 팀에서 10년 동안 작업한 대단지 계획을 A.I 소프트웨어가 5일 만에 5개 안을 뽑아온 것이었다. 내가 그때 하고 있었던 일은 대단지 안에 화장실 창문을 그리는 일이었다. 공포감이 밀려왔다. ‘이 회사를 위해서 전국 1등을 목표로 달려왔는데, 이 회사에서도 나는 대체되겠구나.. 이제 뭘 어떻게 해야 하지?' 5년 차 10년 차 선배들과 이야기도 많이 나누었다. 하지만 돌아오는 대답도 충격적이었다. "회사는 우리 못 잘라!" 3년 5년은 괜찮을 수 있다. 하지만 10년 뒤는 어떨까? 건축사는 가장 전문적인 지식을 요하는 영역 중 하나다. 하지만 이 또한 기술에 잠식되어 가는 현실을 보며 불안함에 잠이 오지 않았다. "앞으로 뭘 어떻게 살아야 되나.." 내 미래와 진로를 생각할수록 진심으로 공포스러웠다.

Solution Clue. 성공의 본질

나는 이 문제의 답을 찾아야겠다고 생각했다. 작은 원룸을 빌려서 매일 아침 8시부터 밤 12시까지 책을 읽었다. 1년 2개월간 하루 2, 3권씩 1,100권이 넘는 책을 읽고 정리했다. 질문은 딱 하나였다. "어떻게 살아야 되나.." 사업에 대한 지식이 어느 정도 쌓였다. 공모전 할 때부터 무언가 기획하고 설득하는 일은 자신이 있었다. 나는 이 생각을 현실에 적용해 보기로 마음을 먹었다. 그렇게 처음 시작한 사업이 차차차 축구 콘텐츠다.

유튜브에서 처음 만난 박캉테 코치님과 만든 일반인 대상 축구 프로그램으로, '광안동 손흥민 만들기 프로젝트'라는 기획을 완성했다. 기획안을 웹사이트로 만들어 유튜브에 올렸고 첫 달에 120명 가까이 되는 사람이 모였다. 12만 원 정도의 회비

였고 모두 1,000만 원 정도가 순이익으로 남았다. 공부했던 기획과 설득, 카피라이팅이 먹혀든 것이다.

하지만 결국 6개월 만에 실패했다. 부끄러운 기억이다. "이제 같이 일 못하겠어요." 팀원들이 솔직하게 나에게 털어놨다. " 아니.. 왜? 투자 기회도 열려있고, 사업 확장 계획도 다 짜여져 있는데 왜 지금 그만두자고 하는 거야?!! 미치겠네 정말.." 처음에는 팀원의 판단이 바보 같다고 생각했다. 성공이 눈앞에 있는데 접어야 한다니..

정말 성공하고 싶었다. 아니 해야만 했다. 나는 기댈 곳이 없다. 실력도 능력도 재능도 남들보다 부족하다. 이 사업이 아니라면 나를 먹여 살려줄 수 있는 빽도 없다. 간절했다. 그때부터 주변에 성공한 사람들이라면 염치 불고하고서라도 메일을 보냈고 찾아가 만났다.

내가 만난 멘토들은 월 수익이 평균 3억 이상 되는, 자산이 규모를 측정할 수 없을 정도의 거물이다. (이 당시 알게 된 사실은 외부에 얼굴 노출이 많이 된 사람일수록 실상은 허상인 경우도 많다는 것이다.) 나는 그들이 성공하기 위한 방법론을 알려주실 것이라고 생각했다. 예컨대 부동산이나 법률, 각종 기술에 대한 것 말이다.

하지만 실제로 가르침을 주셨던 것은 항상 세상을 바라보는 관점, 정신적인 태도에 대한 것이었다. 그때 알게 되었다. 나의 첫 사업이 망했던 원인, 그리고 팀원이 나를 떠나간 원인은 나에게 **사랑의 태도가 부족했기 때문**이었다.

나는 지금껏 내 돈과 성취를 위해 일했다. 하지만 부자들이 알려준 교훈은, 고객과 팀원을 물심양면으로 사랑해야 한다는 것이었다. **모든 성공한 사람들의 공통점은 기술이 아니라, 그 기술을 활용해서 사람들이 더 나은 삶을 살 수 있도록 만드는 것, 책임감을 가지고 사람들의 문제를 해결하고자 하는 '사랑의 태도'라는 것**을 경험을 통해 깨닫게 되었다.

Solution. 왜 이 책을 썼나?

이 책을 쓴 이유는 인간의 모든 정보를 꿰뚫는 핵심 원리인 '사랑의 원리'를 전하기 위해서다. 나는 지난 9년간 1400권 이상의 독서와 집필, 사업 실행 등. 먹고 자는 것 빼고는 "어떻게 살아야 되는가?"라는 질문에 답을 찾아왔다. 그 답은 사랑이다. 사랑은 비즈니스를 성공시킨 사람들, 자신의 분야에서 혁신을 일으킨 사람들, 돈을 버는 원리, 인간관계를 얻는 원리, 팀을 이끄는 원리, 인간 심리, 인간의 진화 과정, 의식의 성장, 역사, 뇌 과학, 설득, 협상, 종교 등등. 사랑은 인간에 대한 모든 정보를 꿰뚫는 핵심 원리다. **당신은 이 책을 통해 모든 삶의 문제를 관통하는 핵심이 사랑임을 깨닫게 될 것이다.**

정말 감사하게도 지금 나는 20대 후반 나이로 150억 규모 건축 설계 PM 일과 해외 건축 프로젝트를 진행하고 있다. 또 본

업인 '㈜학교를세운다'를 통해 11명의 팀원과 함께 일하고 있다. 우리는 사람들이 음악, 출판, 코딩, 뷰티, 영어, 건축 등. 각자에게 맞는 분야에 킹핀의 삶을 적용할 수 있도록 돕고 있다. 모두 먹고사는 것에 대한 고민을 뛰어넘는 성취를 이루어 내고 있다. 지금도 마케팅 하나 없이 자발적인 입소문만으로 사람들이 모이고 있다.

나는 내가 받은 사랑에 보답하기 위해서 이 책을 썼다. 나는 우리가 누리는 풍요를 당신에게도 돌려주기를 원한다. 그렇게 할 때 나, 너가 아닌 우리 모두가 함께 풍요로워진다는 것을 몸소 깨달아 왔기 때문이다. 진실의 차원에서 당신과 나, 우리 모두는 사랑으로 이어져 있다. 당신은 사랑이 흐르는 통로이며 우리는 풍요롭게 살도록 예정되어 있다. 모든 문제의 핵심 통로는 사랑이다. 문제는 우리가 그 사실을 배우지 못했으며 알지 못했던 것뿐이다.

우리는 이 책을 통해 답할 것이다.

돈의 본질이 무엇인가?

행복이란 무엇인가?

일의 의미를 어떻게 찾을 것인가?

미래에 살아남을 수 있는 능력은 무엇인가?

올바르게 교육받는다는 것은 무엇인가?

인간 욕망의 단계는 어떻게 발달해 나가는가?

신앙의 본질은 무엇인가?

나부터가 위와 같은 가르침을 갈구해 왔다. 하지만 본질적인 가치보다는 눈에 보이는 단기적인 결과나 성취만을 중시하는 시대적 흐름, 그리고 격변하는 세상 속에서 변하지 않는 삶의 기준을 알려주는 교육은 없었다. 결국 대체될 수밖에 없는, 소멸할 수밖에 없는 교육뿐이었다. 고민 끝에 결론을 내렸다.

"그냥 우리가 만들자! 우리가 학교를 세운다!"
어떻게 살아야 하는지를 함께 공부하고 실천하는 곳이 학교라면 우리의 꿈은 학교를 세우는 것이다. 당신의 생각과 행동이 자신을 포함해 사람들에게 도움이 된다면, 당신은 무엇이든 해도 된다. 불가능도 한계도 없다. 어떠한 환경에 있더라도 그 사람들을 더 행복하게 만들어 줄 수 있는 사람, 우리는 어디서든 책임지고 문제를 해결하는 사람을 키워내는 학교를 세운다.
단언컨대 세상은 사랑의 법칙이 지배한다.

2023. 07. 13

저자 Rebel

Contents

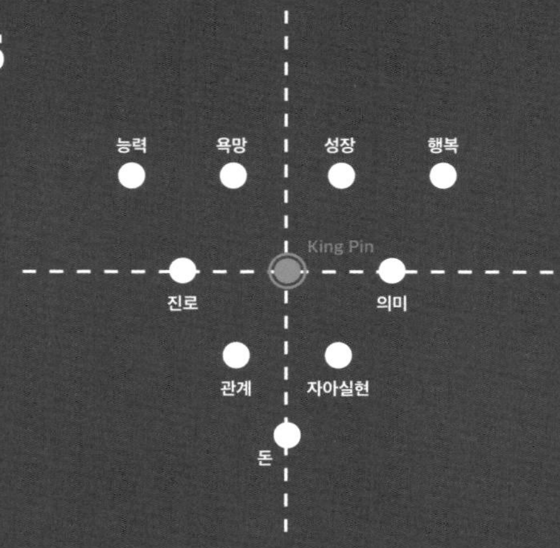

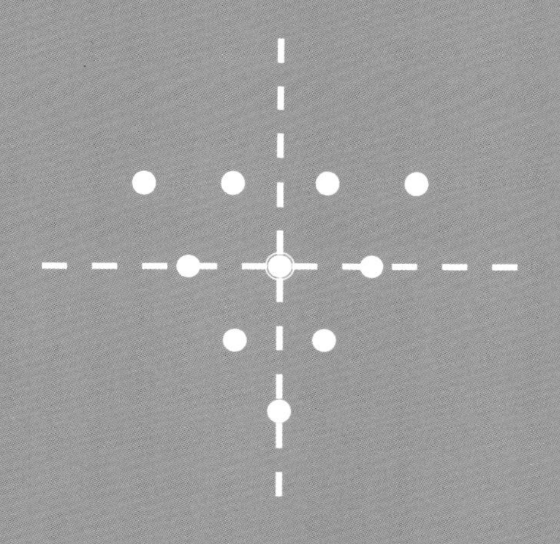

Game preview

모든 것을 얻는 단 1개의 수

● Problem. 대학가기 게임의 세뇌

삶은 게임이다. 즐기는 사람이 있고, 못 즐기는 사람이 있다는 점에서 그렇다. 당신은 어떤가?

우리가 18년 동안 함께 했던 게임이 있다. '대학가기 게임'이다. 구체적으로는 초6, 중3, 고3, 대학 4년, 군 2년으로 이어지는 단계별 주입식 교육이다. 대학가기 게임의 룰은 간단하다. 틀 안에서 시키는 대로 하는 것이다. 난 이 게임이 싫다. 재미없고, "왜 해야 되지?" 이유를 모르겠기 때문이다.

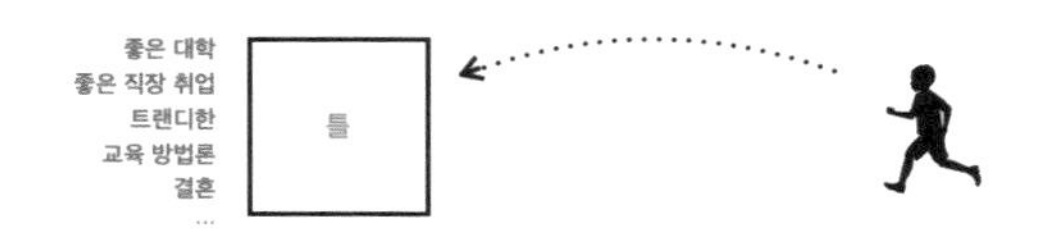

대학가기 게임의 룰 : "따지지 말고, 그냥 시키는 대로 해!"

좋다. 시키는 대로 하면 결과라도 나와야 하는데 어떤가?

'돈이라도 충분히 벌리나?' '아니.'

'지금 하는 일이 나와 잘 맞다고 느끼나?' '그다지.'

'나는 지금 행복한가?' '잘 모르겠어.'

'… 에이, 머리 아픈 고민 그만하자..'라는 생각이 든다면 당신은 대학가기 게임의 세뇌에 제대로 걸려든 상태다.

대학가기 게임의 진실은 이렇다. 스스로 생각하고 행동하지 못하는 노예를 만들어내는 것이다. 우리가 받은 교육의 근본 목적은 공장노동자와 직업군인을 양성하기 위해 한 것이다.

"정해진 틀 속에서 최선을 다하라!"

그래서일까? 99% 사람들은 위 질문들이 문제라고도 느끼지 않는다. 불만족이라도 그게 '현실'이라고 생각한다. 부모님, 선생님, 형제, 친구들 모두가 대학가기 게임을 진실로 믿고 있다. 당신 또한 그 믿음에 세뇌된 나머지, 게임 룰을 거스르는 것은 상상도 해보지 못한다.

"… 고민한다고, 뭐 내 삶이 바뀌겠어? 시키는 대로 하는 게 편하지 뭐.." 하지만 이 책을 펼칠 정도의 사람이라면 아마 마음 깊은 곳에 항상 이런 생각이 맴돌 것이다.

"맞아. 솔직히 지금 내 상황이 마음에 안 들어. 그런데 뭐부터 어떻게 해야 하지? 변하고 싶지만.. 솔직히 미래를 생각하면 혼란스럽고 불안해.."

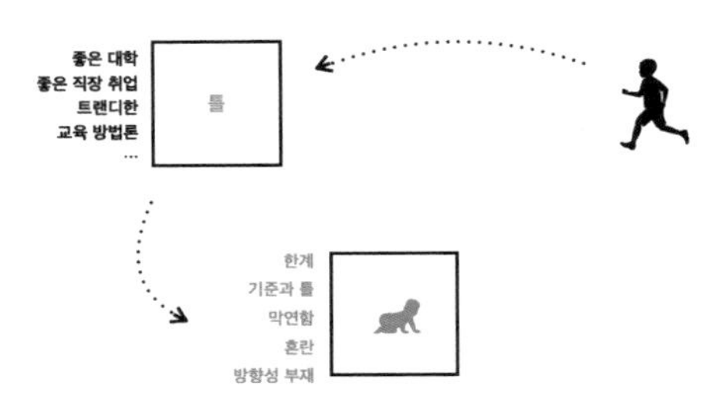

대학가기 게임은 스스로 답을 찾지 못하는 사람을 만든다

우리는 근 20년 동안 대학가기 게임을 했다. 그러면 세상을 변화 시키고 혁신하는 리더는 아니더라도 적어도 돈, 행복, 진로, 의미, 행복, 결혼 등등. 삶의 중요한 문제에 있어 스스로 해답을 찾아나갈 수 있어야 타산이 맞다.

그게 '교육' 아닌가?

함께 대학가기 게임을 했던 친한 사람 5명만 떠올려보자.

그들 모습이 곧 내 미래 모습이라면, 그들의 돈, 관계, 능력, 라이프스타일을 진짜 닮고 싶고 따르고 싶은가?

나는 그들의 삶을 존중한다. 하지만 위 질문에 대한 답이라면 나는 아니다. 솔직히 좋지 않은 내 배경에 원망을 많이 했다. 가난과 열등한 내 능력이 싫었다. 방 한편에 쭈구려 앉아서 울기도 많이 울었다. 변하고 싶었다. 솔직히 진짜 누가 멱살이라도 잡고 지금 상황을 벗어날 수 있도록 이끌어주기를 바랐다.

이 책을 여기까지 읽고 있다면 아마 당신도 나와 같은 문제를 느끼는 사람일 것이다. 아니라면 이 책을 덮어도 좋다. 지금 상황이 싫은가? 그렇다면 이 책은 당신의 책이다. **당신이 변화할 수 있는 명확한 해답을 얻게 될 것이다.**

문제의 핵심은 이것이다.

"변화를 위한 시스템이 없었다."

'시스템'이 뜻하는 바는 이것이다.

"변화를 위한 명확한 체계(지도地圖)"

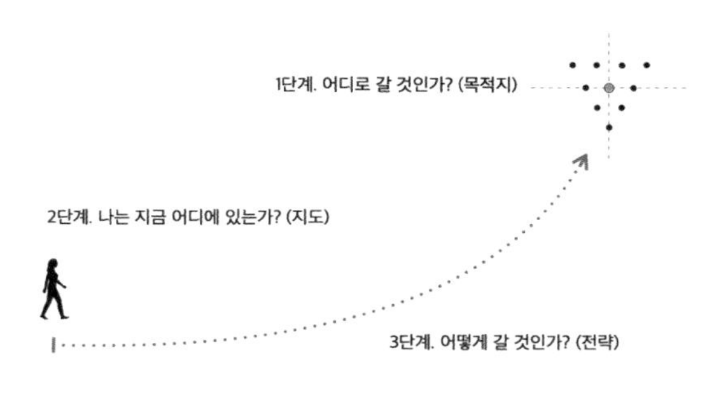

<인생의 내비게이션>

조금 도발적인 상상을 해보자. 이런 시스템은 없을까? 기왕 하는 거 돈, 행복, 의미, 진로, 능력, 성장 모든 것을 싹 다 한 번에 얻으며 살 수 있도록 도와주는 시스템. 볼링에서 스트라이크를 치는 것처럼, 시스템 안에 속해만 있어도 자연스럽게 최고의 결과를 향해 변화해 나가게 되는 시스템 말이다. 옆에는 할 수 있도록 항상 도와주고 응원해 주는 사람들이 있는 그런 환경 말이다!

찾다가 찾다가, 없어서 그냥 우리가 만들었다.

Solution. 킹핀 라이프스타일

당신을 킹핀 라이프스타일로 초대한다!

우리의 목표는 스트라이크다. 스트라이크를 치려면 10개의 핀들 가운데 숨겨진 5번 핀을 노려야 한다. 5번 핀을 노리면 나머지 핀을 도미노처럼 모두 쓰러트릴 수 있다. 볼링에선 이 5번 핀을 '킹핀'이라고 부른다.

마찬가지, 삶이라는 게임에도 킹핀이 존재하지 않을까?

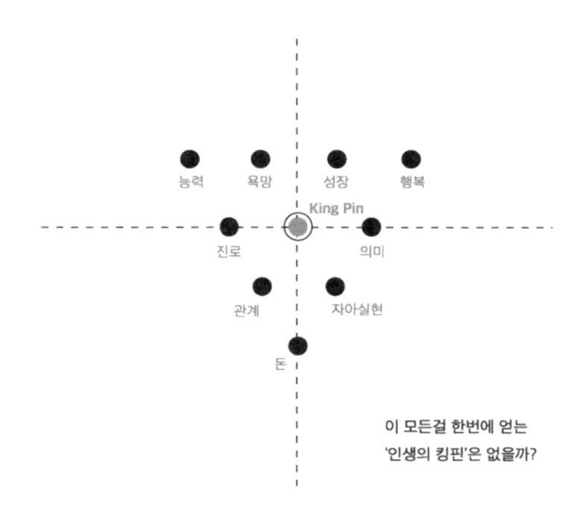

있다. 삶에도 명확하고 심플한 킹핀이 존재한다. 바로 사랑이다. '연애를 말하는 건가?' 싶을 수 있다. 이 책에서는 사랑을 이렇게 정의한다.

사랑은 타인의 마음을 이해하고, 해결해 주고자 실천하는 것. 심플하게 '문제를 해결하는 것'이다.

대부분 사람들은 자신을 위해 산다. 반대로 거대한 부, 의미, 인정, 관계, 행복 모든 것을 다 얻는 사람들은 타인의 문제를 해결해 주는 사람들이다. 나아가 공동체의 커다란 문제를 해결해 내는 사람들이다.

그들은 단순히 이타적인 사람들이 아니다. 마음에 욕망이 그득한 사람이다. 하지만 똑똑한 욕망 덩어리들은 사랑하는 삶을 산다. 온전한 사랑의 마음이야말로 자신이 원하는 모든 것을 가져다준다는 것을 알기 때문이다. 99%의 사람들이 깨닫지 못하는 진짜 현실이다. 그들은 세상을 바라보는 관점이 우리와 완전히 다르다.

그들은 세상을 무한한 풍요로 바라본다. 비유하자면 그들은 세상을 상다리가 부러질 정도로 거나하게 음식이 차려져 있는 곳으로 여긴다. 우리는 모두 그 상에 둘러앉아 있다. 하지만 도구는 1m가 넘는 젓가락뿐이다. 대부분 사람들은 어떻게든 그 젓가락으로 각자가 음식을 집어먹으려고 한다. 당연히 젓가락이 너무 길어서 실패한다. 겨우 반찬을 한입 입에 넣은 옆 사람을 보며 시기하고 질투하고 열등감 느낀다. 모두가 비쩍 말라간다.

하지만 킹핀 라이프스타일은 다르다. 나에게 닿는 거리에 있는 음식을 상대방에게 먹여주며 모두가 풍요롭고 행복한 식사

시간을 즐긴다. 음식은 모두가 무한히 먹고 마셔도 남아돈다. 감사와 기쁨이 가득하다.

세상은 킹핀의 원리가 지배한다. 이 책을 통해 우리는 무한한 풍요의 삶을 실현할 수 있는 구체적인 방법을 알아볼 것이다.

'그게 가능해? 뜬구름 잡는 이상론이나 설파하는 책이네' 싶을 수 있다. 하지만 나부터가 그런 책들을 제일 싫어한다. 현실과 동떨어진 이야기를 하거나, 자신의 맥락에서만 가능했던 이야기를 늘어놓으면서 모두가 가능한 것처럼 일반화하는 책들 말이다. 개인적인 종교적 신념을 설파하려는 것도 아니다. 나는 단지 현실을 최대한 객관적으로 보려 했던 결과를 이야기할 뿐이다.

'무한한 풍요를 함께 나누는 삶.' 99% 사람들이 알지 못하는 킹핀 라이프스타일을 단 1%의 사람만이라도 알게 된다면 어떻게 될까. 우리는 세상에 어떤 영향을 끼치게 될까.

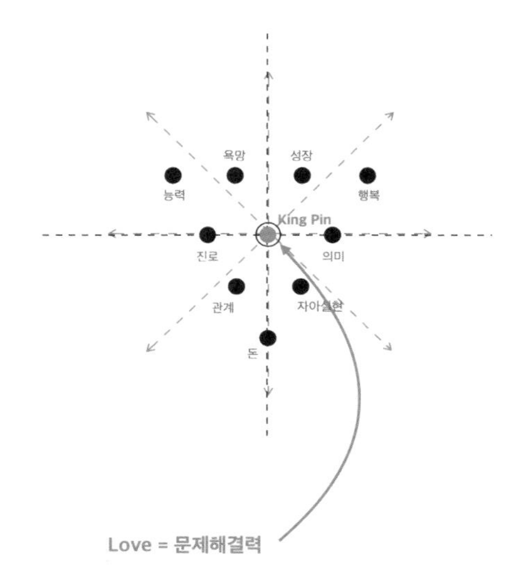

● Who. 누구를 위한 책인가?

이 책의 핵심 독자는 '지금 상황에서 변하고 싶은데, 어떻게 해야 할지 몰라 불안하고 막막한 사람'이다. 구체적으로는 아래와 같다.

1. **취준생** : 자신이 좋아하는 일, 잘하는 일이 무엇인지는 한 번도 생각해 본 적 없는 2, 30대. 막막한 진로 고민.

2. **퇴준생** : 일에서 재미도 의미도 찾지 못하는 분. 돈을 위해 일하는 직장인.

3. **창업가** : 직원과 관계, 미래에 대한 불안, 조직 성장에 대한 고민. 어디서부터 어떻게 해결해 나가야 할지 혼란스럽고 정리가 안되는 사업가. 국가 지원 사업이 생계수단이 되어가고 있는 사업가 및 프리랜서.

4. **확산 독자** : 삶의 방향에 대해 진솔한 이야기를 나누고 싶은 분. 주변에 이런 대화를 할 사람이 없는 분.

* 도움을 드리지 못할 분 : 선생님 말씀은 모두 옳다고 믿거나, 삶은 더 나아질 수 없다고 굳게 믿는 비관론자.

What. 무엇을 얻게 되는가?

핵심은 단 한 가지다. **변화의 지도**다. 변화의 지도는 "어떻게 살아야 하는가?"라는 질문에 대해 흔들리지 않는 기준이 되어준다.

이 책은 총 3권의 시리즈로 구성되어 있다. 비유하자면 이 3권은 인생의 내비게이션과 같다. 내비게이션은 3가지 핵심 정보를 담고 있다.

1권. 목적지 : 어디로 갈 것인가?

2권. 주변 지도 : 지금 나는 어디에 있는가?

3권. 루트 : 어떻게 갈 것인가?

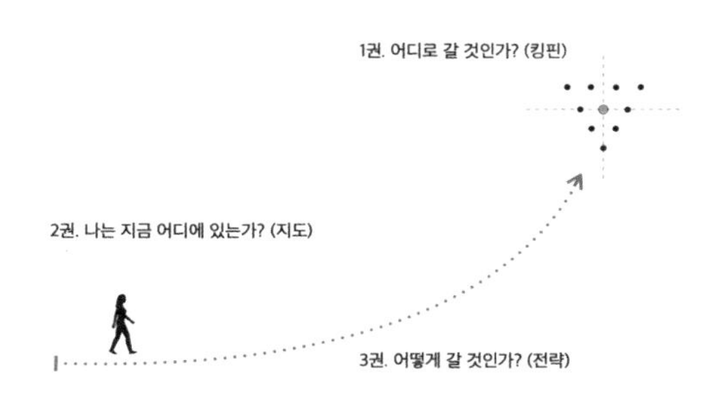

<인생의 내비게이션>

당신이 대학가기 게임에 참가했던 80%의 평범한 보통 사람이라면 이 책은 당신의 것이다. 명확한 변화의 지도를 얻어 자신의 개성대로 돈, 의미, 관계, 행복 등 모두를 얻는 방향성과 전략을 얻게 될 것이다.

이 책 1권 〈인생의 킹핀〉은 **목적지**에 대해서 다룬다. 인생의 변하지 않는 삶의 목적인 '사랑'에 대해서 다룬다. 왜 타인의 문제를 해결하는 사랑이 돈, 관계, 인정, 명예, 성장의 핵심이 되는지 알게 될 것이다.

이 책에 등장하는 사람들의 삶을 들여다보면 알게 될 것이다. 나 자신보다 전체를 위해 전체가 잘 되는 방향으로 삶을 살 때 그 자신도 가장 이득이 된다. 이는 단순한 개인의 이득을 초월한다. 나아가 더 이상 나 자신의 감정, 생각, 관점에 얽매여 살지 않는 진정한 자유의 삶을 살게 된다.

우리는 지식과 경험을 통해 쌓인 강한 확신을 가지고 이 책을 만들었다. 이 책에 담긴 지혜가 나와 같은 사람들에게, 또 함께 공부했던 모든 사람들에게 도움이 되었듯이 당신과 사회에도 도움이 될 수 있음을 말이다.

인생의 킹핀이 당신의 삶에도 변하지 않는 지침으로 녹아들기를 바란다.

자, 본격적으로 게임을 시작해 보자!

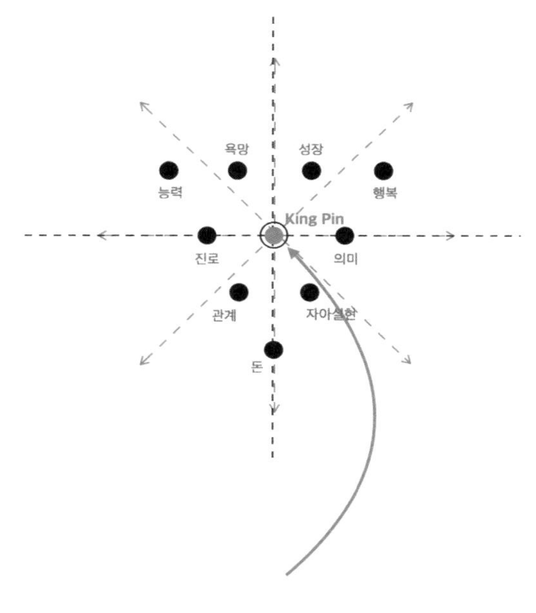

Strike!

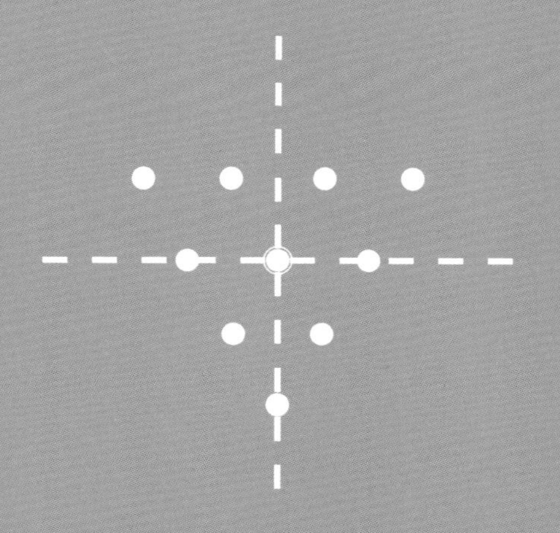

Game begin

현실 게임 설명서

Game Rule. 현실 게임의 개발자

처음 킹핀 라이프스타일을 팀원들에게 이야기했을 때다.

"네? 사랑하면 모든 것이 따라온다고요? 너무 이상적인 말씀 하시네요.. 책 읽으시더니 현실 감각을 좀 잃으신 거 같아요. 현실은 말입니다…"

공감한다. 나도 과거에는 정말 그렇게 생각했었다. "아니 내 앞가림도 못하는데 무슨 남을 돕고 살라는 말인가? 현실은 적자생존, 약육강식, 독고다이 그 자체다!" 진짜 현실이 작동하는 메커니즘을 이해하기 전까지는 그랬다.

현실 게임에는 명확한 룰이 있다. 타인의 문제를 해결해 주는 삶을 살 때 돈, 인간관계, 진로 등 모든 것을 얻도록 게임판이 짜여 있다. 돈이든 무엇이든 다 좋다. 당신이 만약 자신의 욕망을 명확하게 이해하고 있다면, 그리고 정말로 그 욕망을 충족시키고 싶다면 여기에 그 진실이 적혀 있다.

"진짜 현실은 어떻게 작동하는가?"

세계적인 투자자들의 멘토 레이달리오는 그의 명저 〈원칙〉을 통해 내게 이런 조언을 주었다. "현실이 어떻게 작동하는지 알려면 자연을 살펴보면 된다." 그의 말을 쉽게 풀면 이런 의미다. '게임을 이해하려면 게임 개발자에게 물어보는 게 가장 빨라요! 마찬가지로 현실도 게임이라면, **현실을 만든 개발자에게 물어보면 되겠죠? 개발자는 자연이 택한 '진화'라는 방**

식이에요.'

진화(進化)는 자연이 선택한 게임의 방식이다. 인간을 비롯한 생명체들은 생존을 위해 환경에 적응하며 각자만의 방식으로 '해답'을 쌓아왔다. 해답들이 구체화된 것이 각 종(種)들의 특징이다. 동물로 예를 들어보자. 호랑이는 날카로운 송곳니가 특징이다. 왜일까? 더 날카로운 송곳니를 가진 호랑이만 생존 경쟁에서 승리해 유전자를 후대에 남길 수 있었기 때문이다. 북극곰은 두꺼운 모피가 특징이다. 호랑이와 마찬가지로 더 두꺼운 모피를 가진 북극곰만 살아남아 후대에 유전자를 남길 수 있었기 때문이다. 생존하기 위해 각 종이 가진 특징을 가장 효율적으로 활용한 개체만이 살아남았다. 나머지는 도태돼 없어졌다. 멸종한 것이다.

그러면 인간은 어떤 특징을 가지고 있을까? 도대체 어떤 특징을 가지고 있었기에 먹이사슬의 최상위 포식자가 될 수 있었던 것일까? 인간은 생물학적으로 약하고 다치기 쉽다. 인간에게는 맹수와 맞서 싸우거나 먹잇감을 물어뜯을 송곳니, 추위로부터 몸을 지킬 모피 같은 것이 없다.

대신 자연은 인간에게 '협력해서 문화를 구축할 수 있는 능력'을 주었다. 문화는 인류가 진화하는 과정에서 무기를 제조하거나 옷을 짓고 살 곳을 마련하는 데 필요한 지식을 물려받고, 또 전해줄 수 있도록 도와준다. 인간에게는 문화가 있기에 송곳니나 모피가 필요하지 않은 것이다.

당신과 내가 지금 이 책을 통해 당신과 이야기를 나눌 수 있는 이유도 마찬가지다. 수 천명의 사람이 우리를 돕고 있기 때문이다.

지금 이 상황을 잠시 돌아보자. 지금 나는 사무실에 앉아서 노트북을 펼치고 글을 쓰고 있다. 흰 와이셔츠를 입었다. 이어폰을 끼고 밴드 다브다의 음악을 듣고 있다. 샷 추가한 아메리카노도 한잔 마시고 있다. 노트북만 하더라도, 노트북을 설계한 사람, 조립한 사람, 유통하는 사람, 전원을 킬 수 있도록 돕는 전기업체, 전기를 쓸 수 있는 사무실을 임대해 준 판다를 닮은 주인아저씨 등등. 조금만 생각해 보아도, 지금 이 상황이 구현되기까지 얼마나 많은 사람이 관여하고 있는지 예측조차 할 수 없다. 우리는 문화의 도움 없이는 커피 한 잔도 마시기 어렵다. 만약 지금 이 순간 모든 도움이 끊긴다면, 실제로 우리 삶의 질은 제3세계 소작농보다도 떨어지게 된다. 우리는 이미 넘칠 만큼 문화의 도움을 받고 있는 것이다.

서로를 돕고 도와 문화를 구축하는 능력은 인간의 가장 큰 무기다. 자연은 인간이 문화를 활용해서 서로 돕고 살도록, 그렇게 할 때 모두가 이득을 얻도록 게임판을 짜 놓았다. 이 룰은 자연이 우리에게 보상을 주기 위해 알려주는 한 가지 교훈이다.

"'서로 돕는다'는 현실 게임의 큰 물결에 올라타는 것." 우리가 자연을 통해 배울 수 있는 최고의 지혜다.

● How To Play. 모든 것을 얻는 단 1가지 코드

"그래서, 어떻게 하면 킹핀의 삶의 살 수 있나요?"

이 문제가 가장 궁금할 것이다. 레이달리오의 조언을 빗대어 이야기하고 싶다. 그의 명저 〈원칙〉에 가장 첫 번째 단락에 나오는 격언이다.

"현실이 어떻게 작동하는지를 아는 것, 그리고 그에 부합하는 정신이 모든 것을 결정한다."

현실이 작동하는 방식은 서로가 서로를 돕는 사랑의 원리다.

그렇다면 '그에 부합하는 정신'이란 뭘까?

정신이란 비유하자면 컴퓨터의 코드와 같다. 예컨대 자판기가 작동하는 원리를 코드로 작성한다고 생각해 보자. 동전이 들어오면 불이 깜박이고, 동전을 분류해서, 빨간 불이 들어오고 최종적으로 음료수를 떨어뜨린다는 목표가 있다. '~하면 ~하게 행동한다.'라는 조건 값을 설정해 놓는다. 조건 값 대비 행동 값에 대한 기준을 세우는 것이다. 동전을 넣는 것부터 음료수가 나오는 것까지 유기적으로 코드가 작성되어 있으면 성공이다.

우리의 정신도 마찬가지다. 어떤 상황이 닥치든, 어떤 문제가 발생하든 사람들을 돕는 방향으로 코드가 세팅이 되어있으면 된다.

결과는 정신의 상태에 따라서 나뉜다. **누군가는 문제에 봉착했을 때 불안, 두려움, 갈등, 대립, 미움, 시기, 질투, 허무, 상실의 결과를 가져올 것이고, 누군가는 문제를 해결하고 돈, 의미, 행복, 성취, 성장 모두를 얻는 킹핀의 삶을 누린다.** 우리의 목표는 후자다.

킹핀의 삶을 살기 위한 핵심은 킹핀 코드를 내 두뇌에 심는 것이다. 사람들은 여러 가지 코드를 가지고 있다. 크게 나누면 '현상 코드'와 '본질 코드'라는 2가지로 나눌 수 있다.

현상 코드는 '눈에 보이는 기준'이다. 방법론, 기술 등 유형(有形) 적인 기준을 뜻한다. 현상 코드는 '대학 가기 게임'에서 우리가 항상 접해왔던 코드다. **본질 코드**는 '눈에 보이지 않는 기준'이다. 눈에 보이지는 않지만 모든 현상의 원인(原因)이 된다. 근본 목적, 원리라고도 한다. 킹핀 라이프 스타일을 위해 갖추어야 할 필수 코드다.

쉬운 예로 "대학에 꼭 가야 하는가?"라는 문제에 봉착했다고 생각해 보자.

Topic. 대학에 꼭 가야하는가?

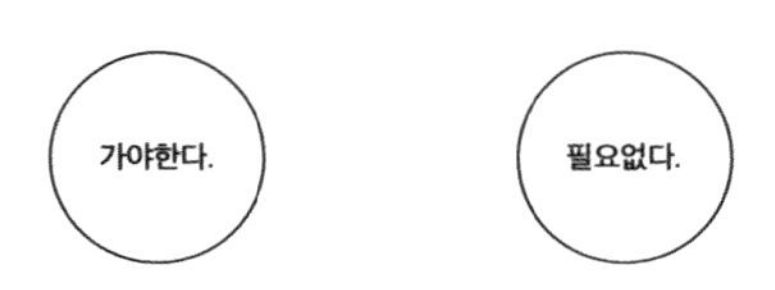

<현상으로 경계를 나누면 항상 대립하게 된다>

우선 눈에 보이는 현상적 코드, 즉 '대학'을 기준으로 삼는다면 어떨까? 선택지는 2가지다. 대학에 가는 선택, 대학에 가지 않는 선택이다. 전자를 지지하는 사람들은 이런 주장을 할 수 있다. "지금 한국 사회는 학벌이 중요하다. 그래도 대학은 나와야 안정적으로 취업을 할 수 있다." 후자를 지지하는 사람들은 이렇게 말할 수 있다. "성공한 사람들은 대학을 그렇게 중요하게 보지 않는다. 메타의 저커버그, 애플의 잡스 같은 부자들은 대학 따위 나오지 않았다."

노파심에 밝히자면 우리는 지금 옳고 그름을 이야기하는것이 아니다. **우리가 살펴 보아야하는 것은 현상 코드를 가지고 있는 사람은 결국 갈등과 대립을 가지고 온다는 것이다.** 두 선택지 중 어떤 선택을 하던 결과는 같다. 누군가는 가야 한다고 주장하고, 누군가는 가지 않아야 한다고 생각하면 항상 갈등과 분열이 생긴다. 아무리 그럴듯한 전제를 가지고 오더라도 그렇다. 누군가는 선이 되고, 누군가는 악이 된다. 삶의 선택지 앞에서도 결국 분열이 생기고 만다.

하지만 "왜 대학을 가야 하는가?"라는 근본적인 질문을 던진다면 어떻게 될까? 본질적 코드는 여기서 도출된다.

하버드 대학 교육학자인 토드 로즈에 따르면 대학을 가는 목적은 "세상에 도움이 되는 실력을 쌓기 위함"이다. 그렇게 보면 대학이라는 눈에 보이는 방법을 넘어서는 통찰이 생기게 된다.

본질적 코드에 따르면, 예컨대 대학을 가지 않고 식당에서 아르바이트를 하는 것이 자신에게 맞는 '세상에 도움이 될 수 있는 기술을 쌓는' 올바른 방향일 수 있다. 지금 책상에 앉아서 이 책을 읽고 있는 것도 하나의 대학과정일 수 있다. 반대로 의사, 변호사, 건축사 등, 소위 '사'자 직업이 들어가는 직군을 꿈꾼다면 대학은 필수적이다. 사회가 제도적으로 정해둔 기준이 있기 때문이다. 그렇다면 대학에 가는 것이 옳다. 즉 본질적인 코드를 가지고 있으면 현상 코드, 즉 유형적인 것을 포함하면서도 초월하는 삶의 기준이 생기게 된다. 어떤 것도 절대적인 옳고 그름이 있는 것이 아니다.

= "대학은 세상에 도움이 되는 지식과 기술을 쌓기 위한 것"

<본질 코드는 모든 현상을 포함하고 초월한다>

관계, 성장, 의미, 진로, 신앙, 욕망, 성장, 행복 등. 삶의 중요한 문제 앞에서 본질 코드를 이해하고 있으면 심플하면서도 **흔들리지 않는 삶의 기준을 가지게** 된다.

현상(現象)은 복잡하고, 본질(本質)은 단순하다.

현상 코드는 눈에 보이는 유형의 것이다. 때문에 쉽게 바로 이해할 수 있는 장점이 있다. 하지만 한계도 명확하다. "그래서 대학에 가야 돼? 말아야 돼?" 복잡하다. 현상 코드로 판단을 하면 변하는 상황에 매번 휩쓸린다. 이번 코로나 사태만 보더라도 그렇다. 대학교 1, 2학년 학생들은 동기를 한 번도 만나본 적이 없을 정도로 대학교 교정에 가본 적이 없다고 한다. 자퇴생의 비율도 10명 중 1, 2명꼴로 나타나고 있다.

본질 코드는 눈에 보이지는 않지만 명쾌하다. "그래서 이 선택이 세상에 도움이 되는 지식과 기술을 쌓도록 도와줘?" 심플하다. 본질적 코드는 단순하면서도 흔들리지 않는 삶의 기준이 생기는 것이다.

그렇다면 돈, 관계, 행복, 의미, 성장, 미래, 등.
모든 것을 아우르는 본질 코드는 무엇일까?

바로 사랑이라는 코드다. 사랑은 눈에 보이는 그런 유(類)가 아니다. 마케팅 기술, 코딩, 각종 기술, 글쓰기 방법론 등. 방법을 이야기하는 책들이 많이 있다. 하지만 그런 책은 시간이 지나면 결국 낡은 것이 되어 버린다. 하지만
본질적인 원리는 시간이 지나도 결코 변하지 않는다.

이 책의 목표는 당신에게 변하지 않는 명확한 정신적 코드 하나를 심는 것이다. **당신이 어떤 삶의 문제에 봉착하더라도, 스트라이크를 치는 것처럼 돈, 관계, 능력, 의미, 행복, 성장 모든 것을 한꺼번에 얻도록 만들어줄 단 하나의 '킹핀 코드'다.**

돈, 관계, 행복, 의미, 성장, 미래, 등.

모든 것을 아우르는 본질 코드는 사랑이다.

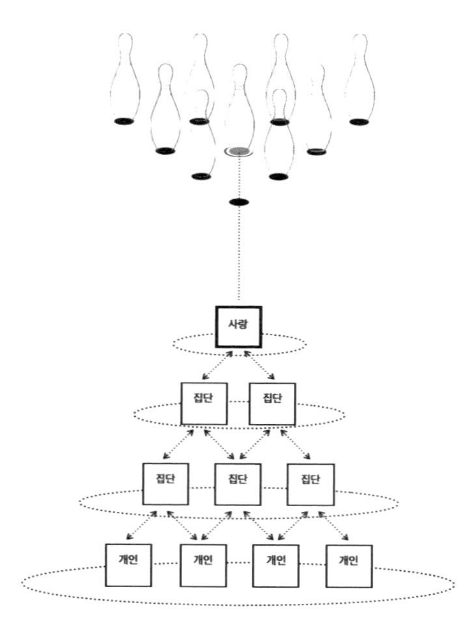

사랑은 모든 기준을 포함하고 초월한다.

● Game History. 당신의 역사

실제로 킹핀 라이프스타일을 사는 멘토들에게 보고 듣고 배운 가장 큰 깨달음이 있다.

"당신이 사랑이다."

당신은 사랑이라는 현실 게임 룰의 최대 수혜자다. 나아가 당신은 '게임 그 자체'다.

확실하게 자각할 수 있는 질문이 있다. "내가 어떻게 아직도 살아서 이 책을 볼 수 있는 걸까?" 당연한 거 아닌가 싶지만 사실 조금만 생각해 보면 전혀 당연하지 않다.

왜 지나가던 어떤 사람이 당신을 찔러 죽이지 않았어야 했을까? 인간의 잔혹한 특성으로 보았을 때 이유가 없다. 우리는 죽고 죽이는 처절한 생존게임에서 살아남은 자들의 후손이다. 유발 하라리의 〈사피엔스〉에 따르면 과거 인류의 조상들의 두개골과 뼈에는 찔리고 찍히고 잘린 흔적이 수없이 발견된다. 현대는 다를까?

6주간 난징 대학살의 참혹함을 다룬 아이리스 장의 〈역사는 누구의 편에 서는가〉, 유대인 홀로코스트의 참혹함을 다룬 〈죽음의 수용소에서〉, 캄보디아에서 인구 1/3을 체계적으로 살해한 폴 포트의 킬링필드, 사랑이라는 게임의 룰을 거스른 체계인 공산주의를 땅에 구현한 우크라이나, 중국, 러시아에 의해 9000만 명의 인간이 인간의 손에 죽은 역사가 100년도 되기 전에 벌어졌다. 지금도 서울에서 위로 30km도 떨어져 있지 않은 곳에서 살육과 아사가 벌어지고 있다!

하지만 우리는 오늘도 당연히 목숨을 잃지 않을 것이라고 확신할 수 있다. 근본적인 이유는 우리가 사랑이라는 게임 룰의 수혜를 받고 있고, 당신이 그 사랑을 실천하는 당사자이기 때문이다.

만약 누군가 당신에게 폭력을 쓰면 바로 경찰이 출동한다. 왜일까? 당신에게 사법체계가 보장하는 인권이 있기 때문이다. 대한민국 사법체계는 어디서 영향을 받았을까? 대한민국 헌법이다. 헌법은 미국 헌법의 영향을 받았다. 미국 헌법은 영국 청교도의 영향을 받았다. 영국 청교도의 뿌리는 서양 그리스도교, 플라톤과 아리스토텔레스로 대표되는 그리스 이성 철학의 영향을 받았다.

그리스도교의 핵심 철학은 사랑이다. 그리스 철학의 목표는 누스(nūs) 즉 지혜를 밝히는 것이다. 지혜란 모든 것이 선으로 나아가도록 이끄는 근본 원리를 찾는 것, 즉 사랑의 원리를 밝히는 것이다. 우리가 당연하게 생각해온 지금 이 순간이 가능한 이유도 근본은 사랑이다. 우리 모두는 사랑으로 이어져있다. 그 사랑에는 이유가 없다. 또 당신은 너무나도 당연하게 사랑을 실천해오고 있다.

"당신은 실체적인 사랑이다." 이를 가장 잘 증명하는 것이 현대 물리학자들이다. 양자 역학의 아버지 하이젠베르크는 이렇게 이야기한다.

"우리를 구성하는 가장 본질적인 요소는 파동이며 에너지다. 실제는 눈으로 보거나 측정할 수 있는 물질이 아니다. 양자 차원에서 우리는 모든 것과 하나로 이어져 있는 파동이다."

우리는 눈에 보이는 물리적인 신체가 아니라, 본질적으로 에너지인 것이다. 하이젠베르크는 사랑이 눈에 보이지 않기에 진실이 아닌 것처럼 느껴지는 이유에 대해서도 말해준다.

"우리가 관찰하는 것은 자연 그 자체가 아니라, 우리의 탐구 방법에 노출된 자연이다."

쉽게 말해, 우리 눈이 관찰할 수 있는 범위는 (물체로 보이는) 낮은 파동의 에너지다. 그 때문에 눈에 보이지 않는 고진동 에너지가 실제 하지 않는 것처럼 느껴졌던 것이다. 물리학은 본래 눈에 보이는 물질을 연구하는 분야임을 생각해 보면 참 놀라운 발견이다.

● GamePlayer. 이미 당신에게 주어진 것

"나는 사랑이다." 이 메시지에 끌린다면 자연스러운 감정이다. 우리는 바로 당신에 대한 이야기를 나누고 있기 때문이다. 사랑은 거부할 수 없는 우리의 존재 본성이다. 우리는 사랑이라는 현실 게임 룰의 최대 수혜자이자, 게임을 이끌어가는 주체다.

이를 받아들이면 재미있는 결론이 나오게 된다. **당신이 킹핀이다. 즉, 킹핀이 가지고 올 모든 결과도 바로 당신의 것이다!**

조셉 머피, 네빌 고다드, 밥 프록터, 브라이언 트레이시, 케서린 폰더, 월리스 와틀스, 나폴레온 힐 등. 성공학 권위자의 결론도 동일하다. **그들이 이야기하는 성공의 핵심은 '우리 안의 사랑을 일깨우는 것'이다.** 조셉 머피는 〈성공의 연금술〉에서 이렇게 말한다. "나의 마음과 생각, 정신을 누군가에게 도움이 되는 방향으로 맞추어질 때, 성공은 자연스럽게 따라오게 된다." 성공의 본질은 내 마음을 사랑과 일치시키는 것이며, 그렇게 할 때 물질적 부는 자연스럽게 창조된다는 이야기다.

데일 카네기, 밥 프록터에 막대한 영향을 끼친 스승인 월리스 와틀스는 〈부의 비밀〉에서 이렇게 이야기한다. "모든 존재와 하나이고, 모든 존재의 내면에 있으며, 당신 안에도 존재하는 무형의 원소(사랑의 마음)는 의식이 있는 지적인 존재이다.

의식이 있는 존재이기에 다른 모든 의식 있는 생명체와 마찬가지로 생명이 융성하기를 바라는 본능적인 성향이 있다. … 세계 최고의 부자 록펠러, 강철왕 카네기, 금융왕 J.P. 모건 등은 **무형의 원소와 연결되어, 결국 모든 사람의 삶을 향상시키는데 커다란 공헌을 했다. 이것이 그들이 부유해진 원리다."** 사랑이 현실 게임의 룰이며, 그들이 사랑 그 자체임을 이야기한 것이다.

데이비드 호킨스, 켄 윌버, 디팩 초프라, 웨인 다이어, 바이런 케이티, 오쇼 등. 현대 영성가들이 전하는 메시지도 동일하다. 웨인 다이어는 〈마음의 연금술〉에서 이렇게 이야기한다. "당신은 사랑 그 자체이다. 무한한 가능성이며 변화 그 자체이다. 삶이란 우리는 사랑의 흐름 안에 살아갈 뿐만 아니라, 그 자연의 일부라는 사실을 깨달아가는 것이다."

재미있는 사실은 모든 전통 종교의 가르침도 마찬가지라는 점이다. 그리스도교 신앙의 대상은 성부, 성자, 성령 '성삼위 하나님'이다. 예수는 3가지로 하나님을 표현한다. "높으신 하나님.", "내가 그다.", "말씀으로 왔노라." 첫 번째 "높으신 하나님"은 성부 하나님으로써 우주보다 더 큰 하나님, 즉 자연 만물을 순행하는 순리 섭리를 뜻한다. "내가 그다."라는 선언은 '나' 즉, 우리 모두가 사랑의 마음 그 자체라는 말이다. 내 안에 계시며, 또 우리 모두의 존재 본성인 성령을 뜻한다. "말씀으로 왔다."라는 마지막 표현은 우리는 사랑을 실현한 육신, 즉 성자로써 우리 안의 신성을 깨달아가기 위한 가르침을 모두와 나누기 위해 이 땅에 존재함을 이야기하는 것이다.

즉 그리스도교의 가르침을 쉽게 풀면 이런 의미다. "나는 사랑의 신이다. 너희도 그렇다. 우리는 사랑의 마음, 풍요와 모든 창조의 원인이다. 고로 너희는 사랑이 다스리는 세상 만들고 누리라! (빛과 소금이 되어라.)"

불교 신앙의 대상은 불(佛). 법(法). 승(僧) 3가지 삼보(三寶)다. 불심을 찾는 것. 불심이란 보이는 세상을 넘어선 무한한 공, 모든 색을 창조한 원인이 되는 마음, 즉 사랑이다. 이를 깨우치기 위해 붓다는 50년간 설법을 하였다. 내가 누구이고 우주란 무엇인지, 다시 말해 무한한 사랑의 존재가 나이며 우주임을 설법했다. 모든 사람에게 있는 불심은 연꽃과 같아서 진창이나, 구정물 위에 있어도 결코 연꽃으로 스며들지 않는다. 그 진창 속에서 뿌리를 내림과 동시에 꽃이 핀다. 마찬가지로 우리 모든 승려들은 이미 부처의 자질을 갖춘 사랑의 존재임을 이야기한 것이다.

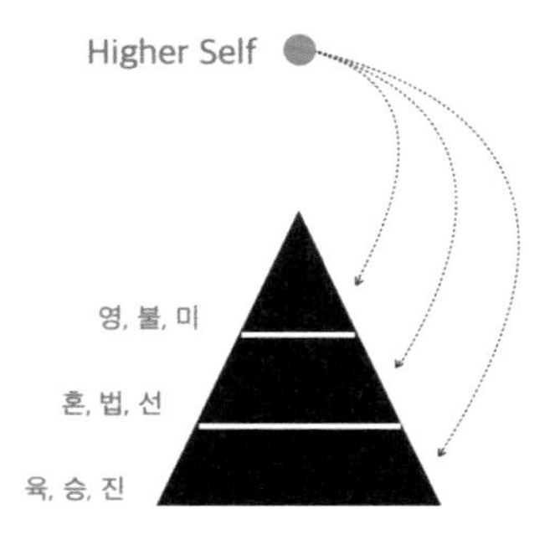

나는 사업가로서 이 깨달음을 어떻게 현실에 접목할지에 가장 관심이 많다. 진짜 현실에서도 이 가르침이 작동할까? 전설적인 경영자이자 영성가인 이나모리 가즈오는 "70년간의 경영 생활에서 무엇을 배웠는가?"라는 질문에 한마디로 이렇게 이야기한다.

"우주에는 이타의 바람이 분다." 그 말의 의미를 풀자면 이런 의미다. "우주의 흐름과 모든 원리는 우리 전체가 잘 되기 위한 흐름 위에 있다. 우리는 원자에서 분자로, 분자에서 세포로, 세포에서 유기체로, 유기체에서 생물로, 생물에서 인간이 되기까지, 우주 만물이 수 억, 수 십, 수 백 억년을 끊기지 않고 이어져온 진화의 집합체다. 우리를 만들어온 힘은 우주 만물이 조화를 이루어 선함으로 나아가게 만든 이타의 마음, 사랑이다. 사랑의 마음은 당신과 나의 본질이다. 즉, 우리 인생은 그 마음에 맞추어 삶의 돛을 펼 때 순풍을 맞게 된다. 경영 또한 마찬가지다."

책상에 앉아 이 글을 쓰는 이 순간, 감사의 마음이 밀려온다. 인류가 쌓아온 모든 가르침의 본질은 내가 사랑임을 아는 것이다. 밀려오는 이 기쁨을 당신과 나누고 싶다.

킹핀 라이프스타일은 얻어내는 것이 아니다. 이미 당신 안에 있는 것을 이끌어내는 것이다.

1 Pin.

돈

돈 버는 것은
최상의 봉사활동이다

1 Pin. 돈

돈버는 것은 최상의 봉사활동이다

대학가기 게임의 세뇌 : 돈 버는 것을 남의 자원을 뺏어온다고 여긴다. 돈을 받는 것을 부담스러워 하거나 미안해 한다. 돈을 벌기 위해서 좋은 수단, 방법, 투자처 등을 찾다는데 집중한다.

킹핀 라이프스타일 : 돈은 자신이 얼마나 세상을 사랑을 했는지를 드러내는 점수판이라고 여긴다. 사람들이 필요로 하는 것이 무엇인지 알아보고 그것을 가능한 많은 사람에게 공급한다.

Phenomenon. 자유는 없다

20대 초. 나는 일단 돈부터 많이 벌면 모든 문제가 해결될 거라 생각했다. 당장의 돈벌이도 못하는데, 무슨 깊은 의미를 생각할 수 있을까? 그래서 만나는 사람마다 족히 60명 이상에게 이런 질문을 던졌다.

"어떻게 하면 돈 많이 벌 수 있어요?"

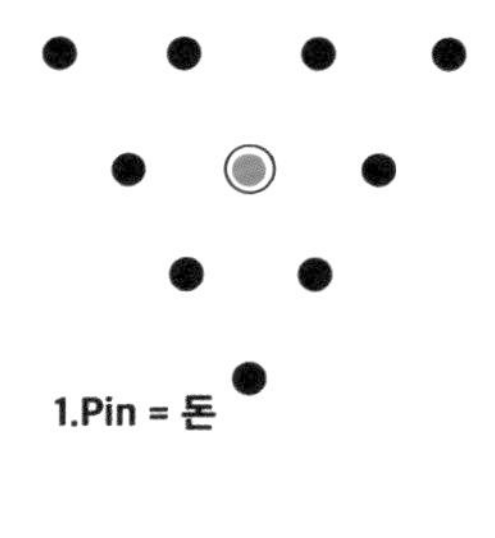

<돈? Strike?>

대부분 이런 대답이 돌아왔다. "음... 좋은 직장에 들어가서 고액 연봉을 받아야지. 자신의 분야에서 전문가가 되어야 해. 저축을 하고 주식 투자를 공부해 봐."

당시 나의 꿈은 사랑하는 사람이랑 결혼, 자식 3명 낳기, 내 손으로 키우기였다. 위의 조언대로라면 향후 14년간 내 꿈은 실현 불가능했다. 14년이라는 기간도 베스트 시나리오를 그려

봤을 때다. 서울에 전셋집이라도 구하려면 적어도 1억 5천은 필요하다. 2년 뒤 대학 졸업. 초봉 4,000만 원 직장에 취업한다고 치자. 년에 1,500만 원을 저축한다. 10년에 1억 5천. 결혼 자금은 제외한다. 리서치 결과, 아기 한 명 낳는데 1,000만 원. 3명이면 총 3,000만 원이다. 2년 추가 총 14년이다. 14년 후면 마흔 중반이다. 위 조언대로라면 그때까지 자유는 없다.

막막함이 밀려왔다. 아니다. 내 생각이 틀렸을지도 모른다. 일단 취업부터 하고 나면 상황이 달라질지 모른다. 위로라도 받고 싶은 마음에 내가 꿈꾸는 건축 사무소에 다니는 선배를 찾아 갔다. 3년 차 대리를 갓 단 선배는 말없이 코트 안주머니를 열어 보였다. 흰 봉투가 보였다. "사직서야. 청년 채움 공제 기간도 끝났어. 2,000만 원 정도 목돈이 들어올 거야. 이 지옥도 이제 끝이다. 돈? 너도 코인이나 해 봐. 오늘만 해도 우리 직원 한 명이 1시간 만에 50만 원 벌더라. 안 하는 사람도 없어!"

집에 돌아오는 길에 나는 내가 실수했음을 깨달았다. 나와 내가 질문한 사람들도 모두 부를 이룬 사람들이 아니었다. 몸이 아프면 의사를 찾아가야 한다. 마찬가지로 내가 목표를 이루고 싶다면 그 목표를 이룬 사람들을 찾아가야 한다. 아이 3명을 낳고 기를 만큼의 경제적, 시간적 자유를 얻었으며, 사랑하는 사람들을 행복하게 해줄 수 있을 만큼의 여유와 인격을 갖춘 사람들의 말을 들었어야 한다.

그날 이후 나는 진정한 부를 이룬 사람들이 쓴 서적과 강의,

자기 계발서, 경영 서적을 매일 한 권씩 읽고 정리했다. 교보문고 센텀시티점 자기 계발, 경영 코너에 있는 책은 거의 다 읽었다. 매대에 올라와 있는 책은 일단 사서 읽었다. 자는 시간 빼고는 모조리 책을 읽었다. 침대와 책상이 들어가면 꽉 차는 좁은 내 방엔, 책장을 놓기 위해서 침대를 빼버렸다. 이해가 될 때까지 책을 읽고 질문하고 또 질문했다. 질문은 단 한 가지였다.

"도대체 어떻게 하면 돈 벌 수 있을까?"

● Problem. 멍청한 질문

어느 날 답답한 마음에 강변을 산책하고 있었다. 고민 끝에 문득 통찰이 찾아왔다. "돈을 어떻게 벌 수 있는가?"라는 말은 질문 자체가 틀렸다. 부자들은 그저 부의 본질을 이해하며 살아왔을 뿐이며, 돈은 자연스럽게 따라오는 것이었다.

축구로 쉽게 비유할 수 있다. 축구의 목적은 골이다. 골을 효율적으로 넣기 위해 공격수, 미드필더, 수비수로 포지션을 나눈다. 그리고 자신의 성향에 맞게 드리블, 크로스, 슈팅, 볼 키핑을 연습한다. 축구의 모든 전술과 기술은 골이라는 목적이 있기 때문에 존재한다. 축구를 이해하고 있는 사람은 이 사실을 쉽게 이해한다.

그런데 어떤 축구선수 지망생이 축구는 골을 넣는 게임이라는 것도 모른 채 "드리블을 잘하고 싶어요!"라고 물어본다고 생각해 보자. 당신은 뭐라고 답해주겠는가. "물론 드리블도 중요해요! 하지만 축구는 골을 넣는 게임이지 드리블을 잘하는 게임이 아니에요."라고 답해주지 않을까? 그리고 축구에서 골을 더 효율적으로 넣을 수 있다면, 드리블뿐 아니라 크로스, 슈팅, 패스, 태클 능력도 의미가 있다고 말해줄 것이다.

그런데 축구선수 지망생이 경기에 들어가서도 자신이 드리블하는 데만 집중한다면? 아마 당신은 계속해서 이렇게 조언을 줄 것이다. "골이라는 목적을 잊지 말고 드리블을 하세요. 모든 것은 골과 이어질 때 의미가 있어요."라고 조언을 해줄 것이다.

나는 부를 이룬 사람들로부터 똑같은 대답을 들었다. "돈을 어떻게 벌 수 있는가?"라는 질문은 멍청한 질문이었다. 마치 축구는 골 넣는 게임이라는 것도 모른 채 '드리블 어떻게 연습해야 될지' 만 궁금해하는 꼴이었다.
내가 질문해야 하는 것은 이것이었다.

"축구의 골처럼. 현실 게임에서는 어떤 목적을 이루어야 스코어가 올라가는가?"

● Solution. 자본주의, 그 너머의 본질

부를 이룬 사람들은 나에게 부의 본질부터 알려주었다.

부의 본질은 '누가 더 잘 돕느냐' 싸움이다. 축구는 골을 넣어야 스코어가 올라간다. 현실 게임에서는 남을 도와야 스코어가 올라간다. 쉽게 말해 내 주머니가 두둑해진다는 말은, 내가 사람들에게 큰 도움을 주었다는 말과 같다는 것이다.

직관적이지 않았다. 돈 벌려면 남을 도와줘야 된다니… 하지만 그들의 조언은 명확했다. 현실 게임의 진짜 목적인 사랑을 실천하면 돈은 따라온다. 당신이 자주 가는 단골 식당이 있다면 떠올려보자. 왜 그 식당에 자주 가게 될까? 음식의 맛뿐만 아니라, 분위기, 위치, 서비스, 그 공간에서 보내는 시간 등이 당신이 지불하는 금액보다 더 가치 있다고 생각하기 때문일 것이다.

마찬가지로 돈을 버는 모든 사람들의 공통점은 **사람들의 필요나 욕구, 상황에 딱 맞는 무언가를 제공해 주고 있다는 것**이다. 가치 있는 상품을 생산하거나, 가치 있는 서비스를 제공하거나, 사업에 필요한 자금을 빌려주거나 등. 사람들이 원하는 것을 서로 이어준다. 한마디로 세상이 더 좋아지는데 기여하는 것이다.

하지만 대부분 사람들은 본질이 아닌 방법에만 집중한다. "일단 돈부터 벌고 그런 생각 해라. 일단 취업부터 해라." 그 말도 맞다. 하지만 결국에는 사람들에게 도움이 된다는 목적을 놓치게 되기 때문에 힘이 떨어지게 된다. 방식은 '돕기'라는 목적을 이루기 위해 맥락에 맞게 선택하는 것이지, 방식이 꼭 돈을 버는 유일한 수단일 수는 없다.

"사랑이 0순위다. 사람들을 위하는 것이 0순위다."

200억 이상의 부동산 자산을 가진 멘토님이 계신다. "그 정도 성과를 내실 수 있었던 가장 큰 무기가 무엇이었습니까?"라는 질문을 던진 적이 있다. 예상했던 답변은 부동산이나, 법률에 대한 이해, 자금 유치에 대한 방법 등을 말씀하실 줄 알았다. 답변은 의외였다. "그런 것도 물론 필요하다. 하지만 나의 가장 큰 무기는 모두의 문제를 해결하고자 했던 책임감이다."

현대그룹을 세운 고 정주영 회장님은 자서전 〈시련은 있어도 실패는 없다〉에서 자본주의의 본질에 대해 이런 가르침을 주었다.

"자본주의의 그 근본적인 목적과 정신은 돈을 벌어서 나 개인 또는 내 가족만 풍족하게 살고 보자는 것이 아니다. 열심히 일해서 그 이윤으로 내 가정을 안정시키고 나아가서 사회에 기여, 봉사하면서 인간답게 살고자 하는 것이 그 진정한 정신이다. 돈만을 목적으로 한 고리대금이라든지, 은행 이자만 따먹으면서 사는 것은 진정한 자본주의가 아니다. 그것은 악성 자본주의다."

그의 글을 읽는 순간 나는 전율을 느꼈다. 나는 현대에서 만든 자동차를 타고, 현대 건설이 지은 건물 카페에 앉아 편안하게 책을 읽고 있었다. 나와 같은 모든 사람들이 자본주의가 가진 순기능과 정주영 회장이 지녔던 것과 같은 사랑의 마음이 만들어낸 풍요의 수혜를 받고 있는 것이다.

물론 완벽하진 않지만, 서로를 돕게끔 만든다. 이 책을 읽고 있을 수 있는 이유를 생각해 보라. 책을 집필한 나, 유통한 사람들, 한잔 마시고 있는 커피, 모든 사람들이 당신을 돕고 있기 때문이다. 우리는 함께 창조한다. 이를 가능하게 하는 것이 자본주의의 순기능이다.

● Win-Win-Win-Win-Win 시스템

사랑을 구체적으로 표현한다면 '타인의 마음을 이해하고, 해결해 주고자 하는 태도를 갖추고 실천하는 것'이다. 더 쉽게 말하자면 '사람들의 문제를 해결하는 것'이다. 그리고 이를 현실로 구현한 것이 부자들의 인간관계, 그들이 운영하는 사업체 경영방식이다.

그들은 단지 개인의 이득만을 위해 행동하지 않는다. **자신이 없어도, 세상을 지속적으로 더 좋게 만드는, 모두가 잘 되는 시스템을 구축해 내는 사람들이다.**

스탠퍼드 MBA에서 비즈니스 모델의 교범으로 불리는 사업체가 있다. 일본 도쿄의 도시락 배달 전문점 다마고야다. 다마고야도 시작은 미약했다. 동네 돈가스 가게에서 도시락을 주문받으며 시작되었다. 하루 배달 5~10개 규모의 자그마한 사업이었다. 하지만 20년간 꾸준히 성장해, 현재 일일 도시락 판매량 7만 개, 연매출 약 1,000억 원을 넘어서는 기업으로 성장했다.

다마고야가 성공한 비결은 단 한 가지다. 고객과 직원, 사회의 문제를 해결하는 것이다. 다마고야의 사장 스가하라 유이치로는 이렇게 말한다. "산포요시를 실현하는 회사야말로 좋은 회사다." '산포요시'란 직원과 고객, 사회 모두에 기여되는 경영을 뜻하는 말이다. 즉 모두가 이기는 '윈-윈-윈(Win-Win-Win)'의 경영이다. 유이치로는 말한다. "고객의 입장에 서서 진지하게 생각하는 것. 고객이 질 좋고 맛있는 도시락을 먹었으면 하는 마음을 진심으로 가지는 것. 즉 **고객을 사랑하는 것이 경영의 시작**이다."

연 매출 7,000억 원 규모의 글로벌 기업 켈리델리의 대표 켈리 최는 한걸음 더 나아간다. 켈리 최는 '윈-윈-윈-윈-윈(Win-Win-Win-Win-Win)' 시스템을 이야기한다. 고객, 직원, 가맹점주, 파트너 업체, 본사 모두가 이기는 시스템을 구축하는 것이다. 켈리 최는 이야기한다.

"사업의 출발점은 항상 고객을 행복하게 만드는 것이어야 하고, 사업가는 어떻게 돈을 벌지를 궁리하기 이전에

'어떻게 하면 고객을 행복하게 할 수 있을까?'를 고민하고 실천해야 한다. 고객들이 진정한 행복을 느낀다면 돈은 저절로 따라오게 되어있기 때문이다."

이를 위해 켈리 최는 2년동안 마트에서 살다시피 하며 시장조사를 했다. 켈리 최의 질문은 단 한 가지였다. "어떻게 하면 고객에게 더 맛있고 신선한 초밥 도시락을 만들어 제공할 수 있을까?"

돈, 행복, 관계, 의미 모든 것을 얻은 부자들의 목적은 심플하다. 세상을 사랑하는 것이다. **그들은 단 2가지만 고민한다.** 사람들이 원하는 것이 무엇일까? 어떻게 해결할 것인가? 여기에 답을 내기 위해 끊임없이 학습하고 시도하고 실패하고 다시 시도한다.

부자와 빈자의 차이는 '사랑'이라는 본질을 인식하는 데서 출발한다. 이 본질을 알고 나면 부와 가난은 선택의 문제다. 하느냐 안 하느냐. 결과는 그 차이에 따라서 돌아온다.

우리 삶도 그렇다. 킹핀 라이프스타일이 알려주는 가르침은 심플하다. "돈을 좇는 것은 바보 같은 일이다. 당신만이 할 수 있는 일로 세상에 기여하는데 집중하라. 그 마음의 그릇만큼 돈, 행복 모두를 얻는 삶을 살게 될 것이다."

돈 버는 일은 최상의 봉사활동이다.

● 심화) 부자와 빈자는 어디서 나뉘는가?

부자와 빈자가 나뉘는 시작은 '인식 차이'다. **돈을 버는 행위를 어떻게 인식하느냐에 따라 부자와 빈자가 갈린다.**

부자들은 돈 버는 것을 최상의 봉사 활동이라고 여긴다. 돈의 뿌리는 사랑이며, 자신이 세상의 문제를 얼마나 해결했는지를 보여준다고 생각한다. 부자들은 사람들을 사랑하고 행복하게 만들어준 대가로 돈을 벌게 된다고 믿는다. 때문에 돈을 버는 것을 자랑스럽게 생각한다. 자신의 풍요가 지속적으로 늘어가는 것을 감사하게 여긴다. 자신이 도움을 주는 사람들이 점점 많아진다고 생각하기 때문이다. 그들에게 돈은 세상에 더 큰 기여를 하기 위한 수단과 도구일 뿐 그 이상 그 이하도 아니다.

나도 처음에는 '그야 돈이 많으니까 그렇게 생각하게 됐겠지!'라고 생각했다. 하지만 부자들은 처음부터 부유해서, 처음부터 능력이 있어서 남을 도운 것이 아니다. 아무것도 없을 때부터 자신이 할 수 있는 가장 최소한의 사랑을 실천한 사람들이다. 타인을 돕기 위해 꾸준히 공부하고 노력한 사람들이다. 그렇게 도움을 줄 수 있는 사람의 수를 한 명 한 명 늘려가다 보니 시간이 흘러 부를 이루게 된 것이다.

반면 가난한 사람들은 돈을 많이 벌고 싶어 하면서도 무의식적으로 '돈은 탐욕과 죄'라고 생각한다. 돈을 번다는 것을 남의 자원을 빼앗아 오는 행위라고 여기기 때문이다. 그들은 돈을 받는 것을 부담스러워하거나 미안해한다. 정당한 서비스를 제공했음에도 돈을 받지 않는 것을 숭고하다고 생각하기도 한다. 심지어 대가를 주고받는 거래를 잘못된 것이라고 믿는 경우도 있다. 그들에게 돈은 수치심이며 두려움이다.

나 또한 그랬다. '부자' 하면 뭔가 정당하지 않은 방식으로 돈을 벌었거나, 운이 따른 기회를 잘 잡았을 거라는 편견이 있었다. 물론 그런 사람들도 있었다. 돈을 사람들을 돕고 함께 잘되기 위한 수단으로 생각하기 보다, 돈 자체가 목적인 사람들이다. 비트코인으로 100억 번 사람, 부동산 투자로 수백억의 자산가가 된 사람도 만나보았다. 하지만 그들에게 부는 풍요가 아니고, 결핍이며 지켜야 할 대상이었다. 돈은 200억 있는데 직원들이 나를 싫어하고, 타인들을 믿지 못하고 모두 나에게 돈을 가져가려는 사람으로 생각하게 되면 어떨까? 그 삶이야말로 삶은 끝없는 전쟁터이며 지옥이다. 돈은 벌었으나, 행복, 인정, 관계는 얻지 못한 치우친 삶이었다. 돈은 많지만 마음은 가난한, 돈 많은 빈자인 것이다.

● Solution.
사랑은 이기심과 이타심을 통합한다

왜 이런 차이가 발생하는 것일까? **핵심은 이타심과 이기심은 공존할 수 없다는 편견**이다.현실은 둘 중 하나라도 억압되면 문제가 생긴다. 미국 보수주의 대표 논객 디네시 더수자는 이렇게 말했다. "결혼이라는 제도는 섹스를 교화한다. 마찬가지로 서로를 돕게 만드는 자본주의는 탐욕을 교화한다. 나는 성직자와 의사 말고 타인에게 그토록 공감하는 사람을 기업가 말고는 본 적이 없다."

돈을 더 벌고 싶다면 갈망을 더 극대화하면 된다. 더 벌고 싶은 만큼 사람들을 섬기고 도우면 된다. 그들이 어떤 도움을 필요로 하는지 고민하고, 어떻게 하면 더 많은 사람에게 좋은 품질의 상품이나 서비스를 매력적인 가격에 제공할 수 있을지 고민하면 된다. 만약 당신이 당신의 고객들을 좋아하고 그들에게 감사를 느끼고, 그들을 위해 봉사하기를 원한다면 그에 합당한 대가를 받게 된다.

만약 우리가 평생 돈에 시달리게 된다면 그 이유는 단 하나다. 타인을 사랑할 때, 섬길 때, 도와줄 때 나도 얻게 되는 것이 돈의 본질임을 모르기 때문이다. 이기심과 이타심을 선악의 대립으로 생각하고 공존할 수 없다고 생각하기 때문이다. 진정한 '사랑'에서 비롯된 행위라면 개인의 이익을 취하는 것이 모순이라고 여긴다. 그들은 자신도 모르는 사이에 돈을 거부하고 있는 것이다.

현실은 이렇다. 내가 잘 되려고 하면 '나는' 가난해진다. 역설적이지만 남의 이익을 대변하는 사람이 되면 될수록 '우리 모두'가 부유해진다.

우리 모두가 잘 되고자 하는 생각, 사랑은 선악 너머에 있다. 이타심과 이기심을 통합하고 초월한다. 사랑은 모든 경계 너머에 있는 마음이기 때문이다.

● So far. 내 삶의 목적이 중요하다

대학가기 게임의 세뇌에서 벗어난 간호사분이 계신다. 최한희 님은 평생 순종적으로 시키는 대로 하며 살아오셨다. 엄한 가정환경 속에서 열심히 공부를 해 간호사에 취업했다. 왜 간호사인지는 묻지 않았다. 그저 주어진 일을 열심히 해 왔다. 어느 날 남자친구가 이렇게 말했다고 한다. "너랑 무슨 이야기를 해야 할지 모르겠어." 한희 님은 충격을 받았다. '별문제 없다고 생각했는데 이유가 뭐지?' 깊은 고민 끝에 문제의 원인을 발견했다. 자신의 감정, 생각은 한 번도 중요하게 다루어지지 못한 사회 환경 속에서 살아온 것이었다. 간호사로 일하면서 혹독한 3교대 일정, 기준 대로 행동하지 않았을 때 떨어지는 불호령, 서로 간의 비방과 무시 속에서 배운 것은, 내 감정을 숨기고 표현하지 않는 것이었다.

"왜 나는 나부터 사랑해 주지 못했을까요?" 이를 알아차렸을 때 한희 님은 펑펑 우셨다. 그날 한희 작가님은 이렇게 마음을 먹었다. "사회생활을 하면서 자신의 속을 한 번도 털어놓을 수 없었던 분들을 위해 조건 없는 사랑을 나눌 수 있는 커뮤니티를 만들 것이다." 그렇게 만들어진 것이 모소 대나무 커뮤니티라는 기획이다. 11만 원의 가격, 시작 2주 만에 5명이 모여 55만 원의 수익을 발생시킬 수 있었다고 한다. 자신의 고통을 누군가의 문제를 해결하는 방법으로 치환시킨 것이다.

돈보다 더 중요하고 본질적인 것은 당신이 일을 하는 목적이다. 대학가기 게임에서 세뇌되어 왔던 돈에 대한 관념은 상품을 제조하거나, 눈에 보이는 가치를 생산하는데 집중되어 있는 것이다. 하지만 그렇지 않다. 돈의 본질은 사랑이며, 눈에 보이지 않는 가치가 더욱 본질이다.

"내가 이 일을 하는 이유가 무엇인가?"라는 질문을 통해 나와 너 우리 모두를 위한 목적을 세우는 것. 그것이 부의 시작점이다.

〈학교를 세운다〉 팀원들은 꾸준히 실천한지 1년 반 만에 아무런 자본 없이 출판사, 음반회사, 디자인 회사, 영상편집 회사, 스포츠 회사, 코딩 회사 등을 만들어냈다. 앞으로 더 이야기를 나누겠지만, 우리는 큰돈이나 인프라가 없어도 사람들을 도울 수 있는 구조를 만드는 것이 너무나 가능해진 시대에 살고 있다. 우리가 투자한 대학 4년의 시간이면 충분히 만들어

내고도 남아돈다.

이 책을 통해 당신만이 세상에 줄 수 있는 가치를 찾기를 바란다!

2 Pin.

인간관계

전략은 주고
잊어버리는 것

2 Pin. 인간관계

전략은 주고 잊어버리는 것

대학가기 게임의 세뇌 : 절대 손해 보지 마라. 나를 채워줄 수 있는 사람을 만나라. 준만큼 되돌려 받아라.

킹핀 라이프 스타일 : 주고 잊어버린다. 하지만 알곡과 쭉정이를 구별하는 눈을 기른다.

지난 3년, 300명이 넘는 사람들과 상담하면서 알게 된 사실이 있다. 상황과 맥락은 모두 다르지만, **거의 모든 사람들이 인간관계 문제로 힘들어한다는 것이다.**

이는 나의 큰 고민이기도 했다. 나는 지금껏 수많은 사람들을 잃었다. 첫 사업을 할 당시 나의 작은 그릇으로 인해 팀원들을 잃었다. 또 나의 이기적인 태도로 인해 좋아하는 사람의 마음도 하나 이해하지 못해 상처 입고 떠나게 만들기도 했다. 모두 쓰리고 힘든 경험이었다.

나는 이 문제를 뿌리 뽑고 말겠다는 각오를 했다. 관계의 역학에 대한 책을 닥치는 대로 찾아 읽고, 사회에서 두터운 신뢰를 쌓고 있는 사람들을 찾아다니며 인터뷰했다. 복잡한 인간관계의 심플한 솔루션을 찾을 수 있었다.

이 글을 통해 평생 지침으로 삼게 될 인간관계의 불문율을 공유할 것이다.

● Problem. '좋은 관계'란 무엇인가?

우선 인간관계로 어려움을 겪는 사람들이 인식하는 '좋은 관계'에 대해 살펴보자.

첫 번째 인식은 '좋은 관계 = 나에게 무언가를 줄 수 있는 관계'다. 좋은 관계란 나의 결핍, 필요, 존경, 심적 안정 등 뭔가를 채워줄 수 있는 사람이다. 그런 사람이야말로 '믿을 수 있는 사람'이며 '신뢰할 수 있다'고 표현하기도 한다.

또 한 가지 인식은은 "적어도 준 만큼은 받아야 하지 않겠어요?"라고 생각하는 것이다. 그들은 이렇게 말한다.

"나는 이기적으로 받는 것만 생각하지는 않아요. 근데 적어도 내가 투자한 만큼은 돌려받아야 하는 게 아닌가요?" 언뜻 듣기로는 합리적인 생각으로 비치지기도 한다.

하지만 현실은 생각과 다르다. '내가 받는 것에 집중하는 관계', '적어도 준 만큼은 받겠다는 관계'는 결코 채워질 수 없는 깨진 항아리와 같다. 끝없는 실망, 외로움, 시기, 질투, 서운함을 느끼게 된다. 두 가지 이유가 있다.

우선 100% 나를 채워주는 사람, 나에게 딱 맞는 무엇을 항상 주는 사람. 그런 사람은 드라마 속에만 존재한다. 사람들은 모두가 세상을 다 다른 방식으로 이해한다. 때문에 내가 원하는 것을 알고 항상 딱 맞는 무언가를 제공해 줄 것이라는 관계, 그런 기대를 바탕으로 한 관계는 찾으면 찾을수록 갈등만 더 심해지게 된다.

두 번째로 인간관계에서는 절대로 준만큼 되돌려 받을 수 없다. 당신은 10을 줬다고 생각할 수 있다. 하지만 상대방은 1, 많으면 2 정도 받았다고 생각한다. 모든 일을 자기중심적으로 해석하는 인간의 성향 때문이다. 즉 무언가를 기대하고 주는 행위는 결국 실망으로 돌아오게 된다.

그렇다면 진짜 좋은 관계란 무엇일까?

핵심은 **'그냥 내가 줄 수 있는 사람이 되는 것'이다.**

이 태도를 통해 상위 0.01%의 삶을 이뤄낸 사람이 있다. 평생 10조 이상의 건축 시행 업을 이끌어온 나의 멘토 중 한 명이다.

● Solution. 사랑은 주고 잊어버리는 것

2년 전. 출판사를 운영하던 당시 사장님의 자서전을 집필에 참여하게 되었다. 감사하게도 매주 2~3시간씩 사장님이 살아온 삶을 듣게 되었다. 사장님은 업계에서 막대한 영향력 뿐만 아니라 개인적인 관계에서도 두터운 신뢰가 쌓여있었다. 실제로 저서 〈생각의 축복〉은 출판 1주일 만에 지인 구매로만 1400권이 팔렸고, 3주 만에 2000권 초판이 완판되었다. (99%의 책은 200권이 체 팔리지 않는다.)

처음에 나는 이유를 이렇게 생각했다. '사장님이 사회적으로 높은 지위에 있으니까, 잘 보이면 뭐라도 떨어지지 않을까 싶어서 구매하는 게 아닐까?'. 하지만 사람들은 정말 진심으로 고마워서 구매했던 것이다. 나는 궁금해졌다.

'어떻게 이런 신뢰를 쌓을 수 있었을까? 심지어 지금 당장 아무런 이해관계가 없는 사람들인데..' 사장님은 그 비결에 대해 이런 가르침을 주셨다.

"주고 잊어버리는 거야."

"이게 내가 이 전쟁통 같은 사업판에 40년 동안 있으면서 배운 깨달음이야. 세상은 예측할 수 없어. 당장 다음 달에 어떤 상황이 펼쳐질지 한 수 앞도 내다볼 수 없어. 하지만 그 예측 불가능한 미래의 운을 나의 쪽으로 돌릴 수 있는 방법이 있지. 그냥 보상 바라지 않고 베푸는 거야."

나는 물었다. "사장님 그렇게만 하면 사람들에게 이용 당하게 되는 건 아닌가요?"

"내가 이 이야기를 하면 사람들은 너처럼 그렇게 반응하지. 그런데 말이야. 네가 놓치고 있는 게 뭔지 알아? 세상은 인과응보의 원리로 돌아가. 네가 사람들을 도와주면 내일, 다음 주, 10년 뒤에도 어떻게 돌아올지 모른다. 호구 잡히면 어떡하지라고? 그렇게 생각하는 사람은 하수다. 작은 이익 때문에 신뢰를 저버리는 것도 하수다. 사업은 최선을 다해서 사람들을 행복하게 만들어주는 일이 되어야 해. 그 마음은 어떻게든 돌아온다. 네가 질문한 인간관계도 마찬가지야. 네가 상대방으로부터 얻을 것, 이익, 보상 같은 것을 생각하는 건 2순위다. 0순위는 내가 어떻게 하면 저 사람에게 도움이 되고 기쁨을 줄 수 있을지를 먼저 생각해야 해."

실제로 사장님은 회사의 사활이 걸려있는 사업도 이렇게 운영해 가신다. 항상 **"어떻게 모두에게 득이 되게 만들지?"라는 고민**을 한다. 직원들의 상황, 고객과 거래처가 필요로 하는 것을 충분히 듣고 모두가 이득을 얻을 수 있는 아이디어를 찾고 실행계획을 짠다.

가족관계도 마찬가지다. 자서전 집필 중 사모님과 두 명의 아들을 뵙게 되었다. 나는 큰 감명을 받았다. 실제로 사장님과 사모님은 한 번도 싸운 적이 없다고 했다. 단 한 번도 말이다. 또 두 아들들은 인생의 롤 모델을 '아버지'라고 이야기했다. 그의 경제적 성취를 넘어서서, 아버지를 진심으로 존경하고 있었다. 어떻게 그럴 수 있는 걸까?

그 비결도 마찬가지다. **주고 잊어버리는 것이다. 우리 가족 전체가 행복할 수 있는 방향이 무엇일지 생각하고 실행한 후, 그냥 잊어버리는 것이다.**

"휴일에 밥 먹고 나면 설거지 생기지? 그냥 하는 거야. 그러면 나도 처음엔 인간인지라 '나는 일하는데 저 인간들은 뭐 하는 거야' 같은 생각이 들기도 했지. 근데 깨달은 게 뭔지 알아? 그럴 바에는 안 하는 게 났다는 거야. 좋은 일 하고도 감정이 상해버리니까. 그런 마음이 5년 10년 쌓이면 그게 지옥이지. 뭔가를 해서 가족들이 행복할 수 있다면 그냥 그 자체로 의미고 기쁨인 거야." 사장님의 이런 태도는 자연스럽게 가족 전체에 퍼져있었다.

So far. 너, 나가 아닌 '우리'가 잘 되는 기준

"주고 잊어버리라."라는 지침은 단순히 퍼주기만 하는 사람 좋은 마음이 아니다. 전체에게 도움이 된다는 명확한 기준을 가지고 있다.

앞서 사장님의 큰 아들은 이야기했다. "아버지가 경상도 상남자라서 표현이 거친 면이 있으세요. 하지만 그게 해가 되진 않아요. 아버지는 우리를 위하는 분이라는 걸 알거든요. 말보다 행동으로 보여주시니까요. 기준도 항상 일관되세요. 가족들이나 세상에 도움이 되는 일을 하지 않고 혼자만 편하게 있거나 게으른 모습을 보이면 가차 없이 지적하시죠. 하지만 제 미래 계획, 진로에 대해서는 한없이 자율권을 주세요." 그는 아버지의 삶을 통해 킹핀 라이프를 실체적으로 경험하고 있었다.

인간관계에 도가 튼 사람들은 항상 인간에 대한 냉정한 이해에서 출발한다. 주었을 때 그들에게 도움이 되지 않는다면, 또 그들이 전체를 위해 행동하지 않게 된다면 주지 않는다. 그것 결코 '돕는 것'이 아니기 때문이다.

일본 경영의 신으로 불리는 교세라의 창업주 이나모리 가즈오는 자신을 이렇게 정의한다. "나는 세상에 도움을 되고 사회에 공헌하는 존재 그 이상 그 이하도 아니다. 나로 인해 직원들의 삶이 물심양면으로 더 나아지고 그들의 삶이 더 행복해질 수 있다면 그것으로 족하다. 물론 개인적인 욕망도 있지만 그것이 전체를 향한 마음을 뛰어넘지 않도록 항상 경계한다."

하지만 무조건 이타적으로 행동하는 것도 아니다. 가즈오는 엄격한 기준을 가지고 있다. 전체의 복리에 도움이 되지 않는 마음가짐과 행동, 일을 항상 경계한다. 직원들에게도 마찬가지다. 게으름과 이기적인 마음, 자신의 편안을 위해 고객과 팀원을 희생시키는 일 등은 엄격하게 지적한다.

주고 잊어버리되, 기준을 가질 것. 나는 그들을 통해 전체를 생각하는 사랑의 마음을 배웠다. 사랑의 마음가짐은 나 개인을 생각하는 것을 넘어서는 가장 인간다운 면모를 요구한다. 사랑은 모든 좋은 관계의 뿌리다.

사랑은 주고 잊어버리는 것이다.

● 실천) 평생 가는 관계를 위한 4가지 원리

"내가 좋은 마음으로 도와주더라도, 상대가 당연하게 생각하고 더한 것을 계속해서 요구할 때가 있습니다. 이럴 때는 해주고 싶은 마음이 사라지는데 어떻게 해야 할까요?"

인간관계는 비유하자면 농사와 비슷하다. 농사에 실패하는 사람들은 농사를 어떻게 지을까? 조급하다. 오늘 콩 심고 물 주면 내일 콩밥 먹는 상상을 한다. 그리고 콩이 빨리 자라지 않으면 콩을 원망하고 한탄하고 "역시 안돼!" 하고 낙담한다. 사업도, 자녀 양육도, 부부 관계도, 직원 관계도 그런 식으로 대한다. 당연히 마음이 조급하고 갑갑하고 풀리지 않는다.

농사를 잘 짓는 사람들은 어떻게 할까? 이 콩이 자랄 때까지 끝까지 물도 주고 햇볕도 쐬어주고 잡초도 솎아 준다. 여유가 된다면 식물 영양제도 꽂아 준다. 물론 콩이 주렁주렁 열리기를 바라지만, 그 자체에 집착하기보다는 키우는 과정에 집중한다. 마음을 느긋하게 먹고 할 수 있는 일을 한다. 그냥 관심과 사랑을 주는데 집중한다.

하지만 더 핵심적인 능력이 있다.

농사 잘 짓는 사람이 가진 **핵심 능력은 쭉정이와 알곡을 구별하는 눈**이다. 콩을 심어보고 싹수가 노란 콩은 쭉정이로 판단하고 빠르게 뽑아버린다. 잘 자라지 않는 쭉정이에게 마음을 쓰는 것보다, 더 성장 가능성이 보이는 알곡들에 집중하는

게 더 큰 수확으로 다가온다는 것을 알기 때문이다. 인간관계도 마찬가지다.

사랑은 경계 너머에 있는 것이다. 모든 기준과 편견을 초월한다. 하지만 우리에게 한정된 시간과 자원이 있는 것도 엄연한 사실이다. 때문에 어떤 사람과 일을 도모하기 위해서는 쭉정이와 알곡을 구별할 수 있는 눈이 필요하다. 그것이 현실에 입각한 사랑이다. 레이달리오는 이에 대해 '엄격한 사랑'이라고 표현했다.

나는 엄격한 **사랑을 위한 4가지 기준**을 제시하고자 한다. 결혼 생활, 친구 관계, 사업체, 직장 동료 등. 평생 가고 싶은 소중한 관계를 이어가도록 도와주는 원리이다.

1. 항상 감사하는 것. 2. 함께하는 목적과 목표를 잊지 않는 것. 3. 진실을 말할 것. 4. 개입하지 않는 것.

● 원리 1. 진심으로 감사하는 것

인간에게는 관계를 망치는 본성이 존재한다. 바로 '부정 편향'이라는 놈이다. 인간의 뇌는 세상의 위협에 대처하기 위해 부정적인 것을 항상 경계하도록 진화되어왔다. 우리 뇌는 부정적인 것에 끌리고, 부정적인 것에 중독된다.

인간은 아무리 강점이 뚜렷한 사람을 만나더라도 시간이 흐를수록 결국 부정적인 부분에 집중하게 된다. 마치 투명한 물에 떨어진 검은 잉크처럼 부정적 인식은 결국 생각 전체를 회색빛으로 물들이고 만다. 깊은 관계일수록 이 함정에 빠질 가능성은 높아진다.

하지만 이러한 인간의 뼈아픈 본성적 한계를 뛰어넘음과 동시에 깊은 관계를 얻을 수 있는 첫 번째 원칙이 있다. '매사에 감사하는 것'이다. 감사의 뜻을 온전히 이해하고 실천하면, 부정 편향에서 벗어남은 물론, 여러 이점을 덤으로 얻게 된다.

감사란 무엇일까? 감사란 일반적으로 고마움을 표현하는 것 정도로 생각할 수 있다. 하지만 어원을 보면 그보다 더 깊은 뜻이 숨겨져 있음을 알 수 있다. 감사는 느낄 감(感), 사례할 사(謝). 두 글자로 이루어져 있다. 우선 '느낄 감(感)'자를 보자. 무엇에 대해 '느낀다'는 것일까?

'감(感)'자는 다시 두 뜻의 결합으로 이루어져 있다. 咸(다 함)자와 心(마음 심)이다. 咸자는 '모두'나 '남김없이'라는 뜻을 갖고 있다. 이렇게 '남김없이'라는 뜻을 가진 咸자에 心자를 결합한 感자는 '모든 것을 느낀다'라는 뜻으로 만들어졌다. 즉 감사를 쉽게 풀어쓰자면 이렇다.

"나는 세상 만물 모든 것이 나를 돕고자 함을 알고 있습니다. 그 도움은 지금 이 사람을 통해 나에게 현실이 되고 있음을 느낍니다. 나 또한 그 큰 마음의 일부입니다. 그러니 저 또한 내가 받은 도움을 실현하는 삶을 살겠습니다."

나는 이 깨달음을 얻은 후 '자! 이제 내 회사 운영에도 적용해 보자'라고 마음을 먹게 되었다. 다음 날 아침 즐거운 마음으로 사무실에 출근했다. 문을 열자 한 팀원이 남겨놓은 음식물 쓰레기와 날파리 몇 마리가 보였다. 그 순간 전날의 모든 깨달음이 깨끗이 사라졌다. 나는 내가 치우고 잊어버리기 보다 그 팀원의 모든 권한을 빼앗아 버리고 싶다는 충동에 휩싸였다. 전에도 2번 이상, 주의를 줬었다는 사실이 떠올랐다.

나는 잠시 옥상 위로 올라갔다. '내가 어떻게 행동해야 될까? 좋게 이야기도 해봤다. 경고도 했던 상황이다. 내가 치우자니 위신이 안 서고 같은 문제는 반복될 것이다. 그렇다고 불러서 화를 내자니 작은 일로 전체 분위기를 흐리게 된다.' 고민은 계속되었다. '어떻게 해결해야 할까.. 역시 주고 잊어버린다는 생각은 너무 이상적이었나..'

나는 옥상에서 내려와서 직접 사무실을 치웠다. 그러고는 톡을 보냈다. "어제도 늦은 시간까지 야근한 것 잘 알고 있습니다. 늦은 시간까지 영업일에 힘써줘서 진심으로 고맙습니다. 너무 고생 많으셨어요. 감사합니다."

나는 감사함을 통해 그 팀원을 향한 부정적인 생각에서 자유로울 수 있었다. 내 에너지를 부정적인 방향으로 소모시키는 것이 아니라, 회사의 더 크고 중요한 문제를 해결하는 긍정적인 방향으로 사용할 수 있었다.

그래서 쓰레기 문제는 해결되었을까? 그렇다.

모두에게는 양심, 즉 사랑의 마음이 있다. 잘못은 이미 팀원 스스로도 알고 있다. 모르긴 몰라도 그가 회사에 출근했을 때 깨끗이 정리된 사무실을 보았을 것이다. 내가 해야 할 것은 팀원의 존재가 전체 팀에게 도움이 되는 것에 감사하고, 내가 할 수 있는 일을 하는 것이다. 진심으로 감사를 표하는 것은 상대방의 변화를 이끌어내는 힘이 있다. 진심 어린 감사의 표현을 들으면, 그 사람은 "나는 누군가에게 도움이 되는 존재구나!"라는 믿음을 얻게 된다. 더 잘하고 싶다는 용기를 얻게 된다. 심리학자 알프레드 아들러는 '용기부여'라는 개념으로 인간이 자립으로 나아가는 첫 단계를 설명한다.

현실은 내 마음이 그린 대로 펼쳐진다. 내 마음에 감사가 없다면, 세상은 나를 공격한다. 나는 항상 피해자이며 갈등을 겪는다. 내 마음에 감사가 가득하다면 모든 것은 서로가 서로를 돕는 사랑의 결과가 펼쳐진다.

만약 어질러진 사무실을 본 순간 화를 내거나 질책했다면, 당장 보이는 문제는 해결될 수 있다. 하지만 그보다 소중한 팀원의 마음을 잃게 된다. 당장의 피드백이 심어주는 믿음은 감사와 정 반대다. '나는 사람들에게 해를 준, 해를 주는 존재'라는 믿음이다. 이는 팀원이 목표를 이루어 나가는데도 방해가 된다. 회사에도 장기적으로 실체적인 악영향을 가지고 오게 된다.

하지만 매사에 감사한다면, 인간의 타고난 부정 편향을 극복하게 되고 갈등은 오히려 더 깊은 관계로 나아가는 기회가 된다. 범사에 감사하라. "감사합니다. 고맙습니다."라는 말을 입에 달고 살자. 감사하는 태도는 가족, 연인, 친구, 동료 모든 관계를 유지하는 필수 원리이다.

● 원리 2.
애초에 함께하는 목적과 목표를 잊지 않는다

인간관계의 두 번째 원리가 있다. **'애초에 함께하는 목적과 목표를 잊지 않는 것'**이다.

내 과거는 어머니 말씀이라면 거스르는 것이 삶의 기준일 정도였다. 가출에, 때마다 사고 치면 수습하러 학교에 불려 오시고, 대학 중퇴에, 퇴사에… 그렇다 보니 항상 어머니와 대화를 하면 언쟁이 시작되고, 쏘아붙이고, 따지기 시작했었다. 돌이켜보면 우리 집은 경상도 특유의 대화법이 더해져서 항상 싸우는 것처럼 보였을 것 같다.

어느 날 하도 싸우다 화를 낼 힘도 없어졌을 때, 울분에 차서 했던 말이 있다. "우리 좀 행복하게 삽시다!" 잠시의 침묵 후에 어머니가 말씀하셨다. "그렇네.." 그 순간의 민망한 분위기를 잊을 수 없다. 가족이 있는 목적은 '행복하려고'다. 하지만 우리 가족은 지금 서로의 감정을 표출하는데 집중하느라 우리 가족의 행복을 놓치고 있다는 당연한(?) 깨달음이 찾아 온 것이다.

평생 가는 관계의 시작은 목적을 세우는 것이다. 목적이란 존재 이유다. 즉 '우리 관계가 왜 존재해야 하는가?',
'무엇을 위해 함께 하는가?'에 대해 명확하게 정의를 내리는 것부터가 평생 가는 관계의 시작이다. 그때부터다. "쫌! 행복하게 삽시다!" 싸움이 시작되려고 하면 나는 항상 만트라처럼 외우는 문장이 되었다. 한동안 효과는 좋았다.

항상 왜 우리가 함께 하는지, 애초 목적, 이유를 잊지 않게 되었고, 격해지는 분위기를 환기시킬 수 있었다.

하지만 목적을 잊지 않아도 문제가 있었다. 내 농담이 가끔은 조금 짓궂을 때도 있다. 하루는 어머니가 문지방에 연속으로 2번 엄지발가락을 찧으시는 것을 보았다. "전투화라도 몇 개 사드려야겠네요!" 농담을 던졌다. 내 딴엔 이게 분위기를 좋게 만들 줄 알았는데, 어머니는 다르셨나 보다. "마! 이게 니가 말하는 행복이가!!!" 살얼음판이 다시 시작되곤 했다. 문제가 뭘까?

문제는 행복이라는 추상적인 목적을, 눈에 보이는 목표로 만들지 않은 것이다. 목표란 목적이 구체화된 것이다. 목적을 목표로 구체화하기 위해서는 용어정리가 필요하다. 쉬운 예를 들어보자. 나와 어머니는 서로 똑같이 '행복'이라는 단어를 쓰긴 했지만, 서로 행복이 무엇인지 의미하는 바는 전혀 달랐다. 나는 친근감 있는 농담도 행복의 조건이라고 생각했는데, 어머니는 불효막심한 놈의 반항이라고 여기신 것이다.

사람들은 상대방의 말을 전부 자기 자신의 지식과 경험을 바탕으로 이해한다. 다시 말해 같은 단어를 쓰더라도, 단어가 의미하는 바는 다르게 받아들인다. 이와 같은 말의 특성 때문에 소통이 제대로 안 되곤 하는 것이다. 아마 독자분도 그럴 것이다. "행복이 뭔가요?"라는 질문들 받으면 뭔가 안다고 생각할 수 있다. 하지만 "그래서 행복한 가족이 뭔가요?"라고 구체적으로 물으면 "글쎄요.."라고 머리를 긁적이게 될 수 있다.

목적을 구체화시키려면 명확한 용어정리가 필요하다. 용어를 정리하다 보면 자연스레 목표가 생기게 된다. 나는 어머니와 틈만 나면 무엇이 행복인지에 대해 대화를 나눴다. "어머니 뭐가 행복이라고 생각하시는데요?" 아래는 수년간 "좀 행복하게 삽시다."와 "마! 이게 행복이가?"를 반복한 결과다.

행복이란, 서로의 삶을 존중하고 지지해 주는 것. 가족 구성원이 하는 선택에 책임질 수 없다면 개입하지 않을 것. 아무리 바빠도 일주일에 한 번은 안부 전화를 하고 살 것. 가족 생일, 기념일에는 모두가 모일 것.

목적에 대해 용어정리를 하다 보면, 전체가 잘될 수 있는 기준(목표)이 생긴다. **그리고 그 목적과 목표를 잊지 않고, 서로**

가 지켜나가는 것은 관계를 유지하는데 매우 필수적이다. 레이달리오는 말했다. "나는 내 소중한 사람들에게 엄격한 사랑을 요한다. 전체가 잘 되기 위한 원칙을 세우고 그것을 지켜나가고자 하는 것이 엄격한 사랑이다." 이 책 또한 마찬가지다. 이 책은 사랑이 무엇인지에 대해 우리 모두가 공유할 수 있도록 용어를 정리하는 것이 주된 목적이다.

"내가 이 사람과 함께 해야 하는 이유가 무엇인가?" 평생 가는 관계의 시작은 목적을 세우는 것이다. 이 목적을 생각하다 보면, 용어정리를 하게 된다. 그리고 구체적인 기준, 목표가 생기게 된다. '사랑이란 함께하는 목적 목표를 세우는 것'이라는 이 글 또한 용어정리를 해 나가는 과정이다. 용어정리에는 시간을 들여야 한다. 쉽지 않은 문제일 것이다. 하지만 목적과 목표가 제대로 서 있으면 관계에 흔들림이 없게 된다. 가족도, 조직도, 1대1의 관계에서도 말이다.

목적과 목표는 모든 관계의 근본이다.

원리 3. 진실을 말한다

가난에서 벗어나고 싶었다. 성공하고 싶었다. 그래서 한동안 부자라면 다 찾아다녔다. 내 사업에 대한 투자 유치를 받으러 이리저리 다니다 보니, 사랑을 이야기하는 나의 주장에 끌려하는 사람들을 많이 만날 수 있었다. 항상 좋은 웃음으로 자리가 마무리되었다. 우쭐해지곤 했다.

한 멘토가 참 기억에 남는다. 매우 정중하고 단호한 태도로 이야기를 했다. "입 좀 다물어라." 정답이 나에게 없는데, 그 해답을 찾으로 와서도 내 생각을 털어놓고 앉아있냐는 것이었다. 멍청하고 어리석다는 이야기도 했다. "네가 못하고 있는 건 너도 안다. 그거 숨기려고 혓바닥이 길어지는 거야!" 뼈를 하도 맞아서, 으스러지는 기분이 들었다. 그렇게도 숨기고 싶었던 내 부족함이 온 천하에 까발려진 기분이었다. 부정하고 싶었다. 구멍이라도 있으면 숨고 싶었다.

나는 내가 못하는 것을 숨기려 겉 포장에 힘쓰고 있었다. 이 모순을 이겨내려면 지금 상황에서 어떻게 해야 할지 생각해 보게 되었다. 그리고 용기를 내서 다시 찾아갔다. "말씀해 주신 것이 정말 인정하기 싫었습니다. 하지만 아무리 생각해도 옳은 말씀을 해 주셨습니다. 네. 저는 나약하고, 실력도 부족합니다. 증명하지 못하면 받아들여지지 못한다는 생각이 들었던 것 같습니다. 죄송합니다."

멘토님은 말씀해 주셨다. "그래 그 못한다는 생각 때문에 너의 가능성의 10분의 1도 발휘하지 못하고 있던 거야. 다 그렇지만 한 걸음씩 나아가는 거야. 내가 도와줄게. 도와줄 수 있는 사람들은 많고, 너처럼 열심히 하려고 하면 뭐든 되어있을 거다. 내가 보장한다." 나는 지금도 주기적으로 가서 털리고 온다.

이상하게 해방감을 느꼈다. 굳이 껍데기를 유지하지 않아도 된다는 생각에서 오는 해방감이었다.

인간은 안다. 자신이 허약하고, 모자라고, 부족한 존재라는 것을. 사실 권력을 쫓고, 지위를 좇게 되는 그것을 감추기 위해 포장을 하고, 내 실력을 쌓는 원동력이 되기도 한다. 혹은 허약함을 완전히 받아들이고는 피해자로 세상을 살아가기도 한다. 내 허약함을 방어하는데 온 에너지가 들어가게 되는 것이다.

더 깊이 들어가서, 인간에게는 내가 가치 있고 쓸모 있는 존재가 맞을까? 하는 실존적인 고민이 있다. 가장 심연 깊은 고민이고, 실질적인 고통이다. 여기에 대한 확신이 없을수록 기준을 세우고 가르고 나누고, 사람들을 판단하게 된다. 다 포기하고 자살해버리는 요인도 여기에 있다.

하지만 진실은 이렇다. "우리는 더 나은 모습으로 무한하게 변할 수 있다." 내면에는 자신을 사랑하는 마음. 자신이 더 나은 존재가 될 수 있다는 믿음이 있다. 그 믿음을 나부터 믿어주는 것. 그리고 내면을 숨기기 보다. 바로 그 아픔과 허약함을 이야기하는 것이 필요하다. 그럼에도 불구하고 한걸음 나아가는 것이다.

과거 나는 이 생각을 부정했다. 그리고 그 생각에서 오는 모습을 멘토님은 철저히 짓밟아 주었다. 부족하긴 해도, 더 나아질 수 있다는 용기를 불어넣어 주었다. 세상에 내 비치는 모습과 진짜 나의 모습이 일치될 때 자유를 느끼게 된다. 투명해져야 한다. 내 허약함을 털어놓고, 그럼에도 불구하고 함께 성장해 나갈 수 있는 관계를 만드는 것. 나는 이와 같은 마음이 아름답다고 생각한다.

이를 위해 가장 필요한 것은 진정성 있는 대화의 장이다. 사회심리학의 대가 엘리엇 애런슨은 〈인간, 사회적 동물〉에서 이렇게 말했다. "서로의 관계가 좀 더 친밀한 관계로 무르익어감에 따라 중요해지는 것이 있다. **드러내고 상처받을 각오하고 솔직해지는 것.** 좋은 인상을 남기려고 애쓸 것이 아니라 우리 자신에 대해서 비록 불미스러운 것일지라도 정직하게 드러낼 수 있는 능력인 진정성이 중요해진다."

〈학교를 세운다〉에는 금요 피드백 회의라는 문화가 있다. 분기별로 워크숍을 간다. 매우 솔직한 피드백을 한다. 우리가 믿는 믿음에 대해 제 검토하고 그에 비춘 우리의 분기를 돌아본다. 쇼케이스라는 것을 진행한다. 각자가 세상에 어떤 도움이 되는지를 발표하고 검토 받는다.

가장 부정적으로 생각하는 사람은, 비판하지 않고 솔직한 이야기를 해주지 않는 사람이다. 왜 솔직한 피드백을 해주지 못하는가? 나부터가 더 나아지지 못할 것 같은데, 저 사람도 그렇겠지 하는 마음. 웃는 얼굴로 아무 일 없는 것처럼 보이지만, 보이지 않는 부분들에서는 조금씩 썩어가는 관계가 된다. 겉도는 관계. 겉으로는 착해 보이지만, 내면은 가장 이기적인 태도다.

이제 팀원들은 오히려 사실을 이야기해주지 않을 때 오히려 모욕감을 느낀다고 말한다. 자신의 성장에만 관심이 있다고 생각하기 때문이다. 단순히 비판만 하는 것이 아니라, 이것에 대한 더 나은 방향성에 대한 주장을 함께 이야기해준다. 그렇게 솔직한 생각들이 오고 가다 보면, 주장은 다이아몬드처럼 날카로워진다.

경영의 아버지 피터 드러커는 "올바른 인간관계란 무엇인가?"라는 질문에 이렇게 답한다. "어떤 일 또는 특정 과업과 관련하여 생기는 인간관계에서 아무런 성과를 내지 못하면 따듯한 감정이나 유쾌한 농담은 아무 의미가 없다. 상호 기만에 대한 가면극에 지나지 않는다. 반면 연관된 모든 사람들이 결과를 얻고 성취감을 맛본다면 자주 거친 말을 주고받는다 해도 인간관계 자체를 파괴하지는 않는다."

솔직한 피드백 회의를 진행하다 보면 신기한 게 있다. 사람들이 더 동기부여를 얻는다는 것이다. 지금 결과는 자기 자신이 아니라, 일종의 성장통임을 안다. 해방감을 느낀다. 생산성도 올라간다.

진실을 말한다는 것은 문제의 원인과 책임을 나에게 가져온다는 것이다. 차차차 이야기. 일에 있어서도 마찬가지다. 부족한 부분을 사람들에게 피드백 받고, 실제로 개선을 해주면 더 큰 찐 팬이 된다는 것.

가장 가까운 사람일수록, 더 진실해져야 한다. 아닌 모습을 보면 아니라고 이야기할 수 있는 그런 관계가 되어야 한다. 완벽할 수 없다. 내가 할 수 있는 일을 하겠다는 각오다. 현실을 받아들이고, 스스로 더 나아지기 위해 한걸음 더 나아가는가? 현실을 외면하는가?

내가 사람들에게 도움이 되는 존재라는 믿음. 즉 연결, 믿어줌. 자신의 결점과 있는 그대로의 모습을 받아줄 만큼 믿을 만한 사람과의 교류를 맺는 것. 서로의 감정을 이해하고 공유하는 것. 안심하고 기댈 수 있다는 믿음. 이것이 바로 안정된 사랑이다. 이때 우리 뇌는 마약과도 같은 중독 반응을 보인다.

● 원리 4. 개입하지 않는다

농사 이야기로 돌아가 보자. 콩에게 물도 주고, 잡초도 뽑아주고, 전문 지식을 갖추어서 관리를 해주었다. 할 수 있는 것을 다 했다. 그러면 프로 농사꾼은 무엇을 할까? 결과를 하늘에 맡기고 기다린다. **이제 그 책임은 콩의 몫이다.** 아무리 프로 농사꾼이라도 콩이 자라는 것까지 개입할 수 없다.

인간관계도 마찬가지다. 내가 먼저 감사를 표하는 것. 우리 모두를 위한 목적과 목표를 생각하고 지킬 것. 진실을 이야기하는 진정성을 갖추는 것. 내가 할 수 있는 것은 그것뿐이다. 결과를 받아들이고 안 받아들이고는 상대방의 몫이다. 그것에 개입할 필요가 없다. 그럴 수도 없는 것이다. 따라서 인간관계에 있어서 핵심이 되는 4번째 원리는 이 질문으로 수렴된다. "**이 일의 최종 결과를 책임져야 하는 사람이 누구인가?" 책임이 명확해졌다면 그 누구도** 내 삶에 개입시키지도 말고, 내가 개입하지도 않아야 한다.

문제는 초보 농사꾼들에게는 이 간단한 진리가 너무 어렵게 다가온다는 것이다. 내가 그랬다. 나는 콩이 자라는데 전적으로 개입하고자 했던 초보 농사꾼이었다. 나의 사례를 보며 시행착오를 줄일 수 있기를 바란다.

1. 남의 시선을 잣대로 내 일을 평가하지 않는다.

나는 이 책을 3년 동안 출판하지 못했다. 문제는 남들이 내 글에 대해 어떻게 생각할지 고민하느라였다. 눈치를 본 것이다. '내 나이에 무슨 어떻게 살아야 할지에 대해 논한단 말인가?' 하면서 이 책의 가능성에 대해서 부정했다.

문제의 원인은 근본적으로는 내가 무한한 가능성임을 의심하고 있었던 것이었다. 또한 내 마음속에 이 책을 쓸 능력이 없다는 믿음을 독자들에게 투사했기 때문에 거절 받는 것을 두려워했던 것이다. 거절은 그 사람 몫인데, 내가 그 책임까지 짊어지느라고 내 일에 집중을 못 했던 것이다. 나는 이 생각을 내려놓기로 했다. 내 도움을 필요로 하는 사람이 한 명이라도 있다면 그냥 그렇게 하는 것이 맞다. 여기서 포기한다면 싹이 나지 않을 것 같아서 풀 한 포기도 심지 못하는 농사꾼과 같다.

'이 글을 쓰는 건 나의 몫이다. 하지만 이 글을 받아들이는 것은 독자들의 몫이고 내가 개입해서는 안 된다.' 이 마음이 바로 섰을 때 나는 비로소 글쓰기를 즐길 수 있었다.

당신 또한 어떤 일을 시작하던 거절, 비난, 비판, 실패, 회의적인 시선 등을 마주할 것이다. 이건 100%다. 하지만 그것은 상대방의 몫이다. 당신의 몫은 이 문제를 마주하고 극복하는 것 밖에 없다.

2. 다른 사람의 역할에 침범하지 않는다.

반대로 내 두 번째 사업은 지나친 개입으로 실패했다. 사업 아이템은 내가 가진 기획 능력으로 콘텐츠를 가진 사람들의 수익을 낼 수 있도록 도와주는 일이었다. 그 당시 내가 모든 기획안을 다 짜서 A~Z까지 실행만 하면 되도록 해 주었다. 초반에는 고객들의 기획에 반짝 매출과 성과가 났다. 하지만 사업이라는 것이 항상 닥치는 문제들을 지속적으로 해결해 나갈 수 있는 능력이 필수적이다.

다시 말해 본질적으로 고객이 스스로 자랄 수 있는 힘을 길러주어야 하는데, 나는 내가 모든 문제를 다 해결하려고 했다. 결과적으로 나도 시간을 빼앗기고, 그 고객의 성장 기회까지 빼앗아 버리게 되었다. 결과는 실패였다.

왜였을까? 나는 마치 응석받이 아이를 길러낸 엄마와 같았다. 너무 아이가 걱정된 나머지 아이의 모든 시행착오를 다 해결해 주고, 결국 아이는 사회에 나가서 아무것도 못하게 된 것이다. "조언을 해주 되, 사랑하는 콩이 자랄 수 있는 시간을 인내심을 가지고 기다려 주어라." 그것이 내가 배운 교훈이었다.

이런 경우도 있다. 무의식 간에 사람들을 개입하여 압박하는 것이다. "~했기 때문에 고마워. ~해서 네가 좋아." 이는 '그래야만 너는 나에게 인정을 받을 수 있어'라는 생각을 심는 것과 같다. 부지불식간에 그 사람의 행동에 개입하여 통제하려고 하는 것이다. 이는 상대방에게 심적인 부자유를 준다. 그렇게 행동해야만 내 존재가 인정받을 수 있다는 생각을 심게 된다. 참된 감사는 조건 지어지지 않은 것이다. 그의 행위 때문이 아닌 존재 그 자체에 감사하는 습관을 들여보자.

3. 문제의 원인을 나에게 둔다.

부끄러운 과거이지만 나는 일이 잘되지 않으면 항상 팀원 탓을 했다. 나는 잘하고 있는데 주변에서 잘 서포트 해주지 못하고 있다고 생각했다. 수백 시간을 비난했지만 바뀌는 것은 아무것도 없었다. 부정적인 것에 에너지를 쏟을 뿐이었다.

진실은 이렇다. 갈등과 문제가 생겼다면, 그 원인은 바로 나에게 있다. 물론 타인의 잘못도 있겠지만 그것은 그의 몫이다. 내가 변해야 할 것에 집중하는 것이 지혜다.

우주에는 인과응보의 원리가 작용한다. 모든 것은 나의 마음이 끌어당긴 것이다. 예컨대 회사가 마음에 들지 않는다면 그건 회사의 잘못이 아니다. 당신이 회사를 제대로 알아보지 못한 것이 문제이니 떠나면 된다. 혹은 당신이 나서서 그 문제를 해결해 보라는 우주의 신호일 수 있다. 이는 성장의 발판이 된다. 비난은 부정적인 것 외에 그 어떤 것도 가지고 오지 않는다.

모든 일은 내 마음이 불러온다. 우연히 일어나는 일은 결코 없다. 이 원리를 이해하지 못하는 사람들이 자주 하는 말이 있다. "~때문에 나는 이렇게 할 수밖에 없었다."다. 이는 자신을 피해자로 생각하는 마음이며 세상에 나를 돕고 있다는 인식인 '감사'와 전적으로 반대되는 태도다.

나는 내 아버지를 참 많이도 원망했다. 내가 이렇게 결핍을 가지는 원인은 아버지가 나에게 준 상처라고 생각해 왔다. 하지만 지금 나에게 아버지는 가장 큰 스승이다. 진실의 차원에서 나는 스스로 아버지를 선택해 이 땅에 온 것이다. 나는 그 결핍을 받아들였다. 그리고 내가 성장하는 밑거름으로 삼았다. 모르긴 몰라도 탓하는 것은 아무 득이 없다. 모든 상황 속에서 운명은 내가 결정하는 것이다.

당신이 조직을 이끄는 리더라면, 조직의 마음이 하나로 모이지 않는 것은 리더의 문제다. 나는 이 사실을 받아들이는 데 오랜 시간이 걸렸다. 문제의 원인은 비전을 제시하지 못한 것, 모두의 마음을 하나로 모을 수 있는 뜻을 세우지 못한 것이 문제다. (그 해결 과정을 이 책 Pin.9 성장 장에 담아 놓았다.) 갈등이 생긴다면, 그 문제의 원인을 나에게 두고 바뀔 수 있는 것에 집중하자. 그것이 지혜로운 자의 마음가짐이다.

4. 한 명의 마음을 저버리지 못하여 전체를 망친 일.

사람은 바람처럼 왔다가 간다. 자연처럼 예측할 수 없다. 내가 할 수 있는 것은 프로 농사꾼처럼 할 수 있는 것을 하고 초연하는 것이다.

사업 초기, 나는 80%의 에너지가 부정적인 20% 사람들에게 모두 쓰이고 있다는 것을 알게 되었다. 정작 내가 해야 할 역할을 하지 못하고, 뒤처지는 사람이나 마음이 떠난 사람들의 붙잡는데 집중하고 있었다. 마치 선박의 함장이 방향을 제시하는 역할을 놓친 체, 기관실, 식당, 갑판에서 벌어지는 문제를 해결하러 여기저기 불려 다니는 상황과 같았다. 결국 선박 전체의 방향이 틀어지게 된다.

당시 나는 그 한 명 한 명이 너무 소중했기 때문에 그들의 마음을 잃는 것을 두려워했다. 하지만 이내 깨닫게 되었다. 때가 아닌 사람도 존재한다. 아무리 좋은 기회 앞에서도 그의 상황과 모든 여건이 아쉬운 사람이 있다. 어떻게 나의 마음을 표현해도 자라지 않는 콩도 있다. 심지어는 다른 콩에게 병충해를 퍼뜨리는 콩도 있다. 그럴 때는 더 이상 개입하지 않아야 한다.

감사하며, 목적과 목표를 함께 세우고 서로의 역할을 정했으며, 진정성 있는 대화를 나눴다면, 최종적인 책임은 그 사람에게 있다. 놓아주라. 영적으로 보았을 때는 우리 모두는 연결되어 있다. 때문에 또 다른 사람을 도와주면 되는 것이다.

당신이 너무 마음이 따듯한 사람이라면 내가 그랬듯이 이 사실을 받아들이기 어려울 것이라 생각한다. 하지만 조직을 이끄는 사람이라면 모두를 살릴 수는 없는 노릇이다. 따듯한 가슴을 품되, 머리는 차가워져야 한다. 모두를 끌고 가려고 하다보면, 결국 모두가 죽는다. 쿨하게 놓아주시라. 당신은 당신이 이루어야 할 더 큰 목적이 있다.

사랑은 모든 기준 너머에 있다. 우리가 다룬 이 기준들은 사실 사랑을 가르치는 손가락일 뿐이다. 하지만 현실 속에서 이 땅에 사랑을 이루기 위해서는 경계를 활용하는 것이 필요하다. 평생 가는 관계를 유지하기 위한 4가지 기준을 활용하시되, 그 너머에 사랑의 마음을 잃지는 마시길 바란다. 사랑은 신뢰다.

신뢰를 기반하는 관계는 4가지가 있는 관계다.

3 Pin.

자아실현

부모님 말씀은
거스르는 것이 효도다

3 Pin. 자아실현

부모님 말씀은 거스르는 것이 효도다

대학가기 게임의 세뇌 : "남들과 똑같되, 더 뛰어나라." 더 좋은 대학, 더 좋은 일자리, 더 높은 연봉, 더 큰 집, 더 좋은 차. 무한 경쟁, 비교

킹핀 라이프스타일 : "나만의 삶의 방식을 창조할 수 있다." 현실은 전문화와 교환의 원리로 돌아간다. 쉽게 말해 나만이 할 수 있는 일이 존재하고 서로 협력하여 모두 함께 풍요를 누린다.

Problem. 18년간의 구라

대학 졸업을 반년 앞둔 시점, 나는 대학 중퇴를 선언하고 사업을 시작했다. 주변 어른들은 말씀하셨다. "얌마 일단 대학은 졸업해야지.. 어떻게든 남들보다 더 경쟁력을 갖춰서 살아남아야 되는데 남들 다 있는 대학 졸업장도 없이 뭘 어떻게 하겠다는 거니?"

"남들 모두와 똑같되 더 뛰어나라."

초6 중3 고3 대학4 군대2. 도합 18년이다. 이는 공교육 문화가 우리에게 18년 동안 세뇌시킨 구라다. 하버드 교육대학원의 토드 로즈 교수는 〈평균의 종말〉에서 이렇게 이야기한다. "공교육 시스템 속에서는 같은 수업을 듣되 더 좋은 성적을 내고, 같은 시험을 치르되 더 좋은 점수를 받고, 같은 졸업장 취득에 힘쓰되 더 좋은 대학에 다녀야 한다. 때문에 학생들은 평균 이하로 평가받아서는 안 된다는 강박에 내몰리게 된다."

"남들 모두와 똑같되 더 뛰어나라." 이 세뇌는 비교, 경쟁을 부추긴다. 비유하자면 현실은 마치 1개의 의자를 두고 100명이 경쟁하는 의자 게임과 같다.

세뇌

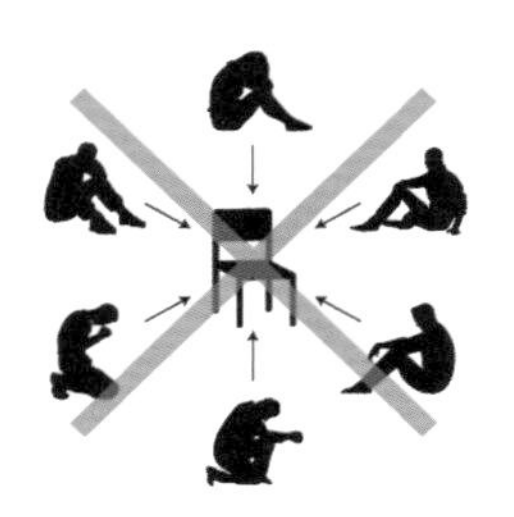

비교, 경쟁

지난 3년간 성인교육업을 하며 20대 친구들과 많은 대화를 나누었다. 뭐 하고 지내느냐고 물어보면, 10에 6~7명은 공무원 준비를 하고 있다고 이야기했다. 이유는 이렇다.

"남들도 다 하니까요, 안정적이기도 하고요. 사실 이것 말고 다른 방향을 생각해 본 적이 없긴 해요.." 그러면 나머지 3~4명의 친구들은 어떨까. 그들도 상황은 마찬가지다. 대기업이나 공기업에 취업하는 것을 목표로 한다. 22년 후반부터는 트렌드가 조금 바뀌어서 대학 자퇴 후, 기술 개발 직군을 선택하는 경우도 늘었다. 하지만 맥락이 바뀌었을 뿐 비교 경쟁이라는 본질은 똑같다.

비교 경쟁은 **우리를 지속적으로 불행하게 만든다.** 인스타그램을 켠다. 좋은 대학, 연봉 높은 기업에 취업한 친구들이 본다. 나는 뭐 하고 있지.. 낙담한다. 우리는 의문을 가져야 한다. 현실이 정말 남과 비교하고, 열등감 느끼고, 남을 꺾기 위해 고군분투하면서 살아야 하는 것일까? 목표가 타인과 경쟁에서 승리하는 것이라면 우리 인생 최대의 지침은 끝없는 전쟁이다. 정말 그럴까?

지금부터 우리는 이 세뇌에서 벗어날 것이다.

우리는 풍요로 가득한 세상에 살고 있다. 진짜 현실은 비교할 필요가 없을 만큼 자리가 차고 넘친다. 각자 자신의 성향, 동기, 맥락과 딱 맞는 자리에서 내가 원하는 일로 돈, 의미, 행복, 관계 모든 것을 누릴 수 있다.

혹시 당신의 부모님께서 비교 경쟁의 논리를 이야기하신다면 지금부터 그 말씀을 거스를 각오를 해야 할 것이다. 부모님은 우리가 잘 되기를 원하시고, 그 기대에 부합해 드려야 하는 것이 우리의 의무다. 그것이 효도 아니겠는가!

● Solution.
현실은 전문화와 협력의 원리로 작동한다

킹핀 라이프 스타일이 전하는 메시지는 다음과 같다.

"당신만의 삶의 방식을 창조할 수 있다."

나는 대학 중퇴생이지만 현재 180억 건축 설계 프로젝트 매니저로 일을 하고 있다. 캄보디아 프놈펜의 CSTV 방송국과도 설계 협업을 하고 있다. 11명의 팀원들과 〈(주)학교를세운다〉

를 통해 킹핀의 삶을 알리는 성인 교육사업을 이끌고 있다. 책을 쓰는 작가이기도 하다. 지금은 기술 분야와 협업을 통해 코딩 부트 캠프를 만들고 있기도 하다. 지금도 기획되고 있는 프로젝트는 수도 없이 많다.

누군가 나의 직업을 물으면 무엇이라 이야기해야 할까? 건축가? 컨설턴트? 작가? 사상가 등. 어떤 분류 기준으로도 나의 일을 분류하기는 힘들다. 굳이 나누자면 나는 '기획가'라고 이야기한다. 기획의 본질은 문제를 해결하는 것, 즉 사랑을 실천하는 일이기 때문이다. 일의 형태는 모두 달라도, 내가 일을 하는 본질은 심플하다. '사람들이 킹핀의 삶을 살 수 있도록 돕는 것'이다. 세상의 문제를 찾아 해결하는 법을 연구하고 실행하는 일이다. 모든 일은 이 목적으로 일관되게 하나로 이어져 있다. 이 책을 쓰는 이유도 마찬가지다.

당신은 당신만의 삶의 방식을 창조할 수 있다. 현실은 혼자 외롭게 경쟁하는 곳이 아니다. 현실은 서로가 협력해서 더 큰 가치를 창조하는 천국과 같은 곳이다. 지금부터는 이를 현실로 만들 수 있는 '두 가지 원리'를 공유할 것이다.

"각자가 잘하는 분야를 전문화하고 교환하라."

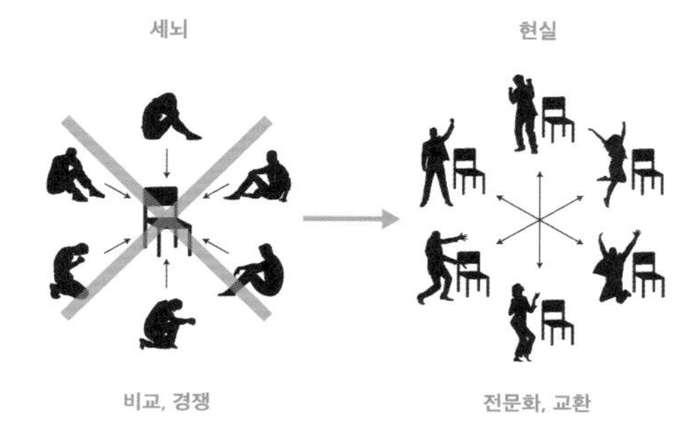

전문화와 교환은 자연이 우리가 서로를 효율적으로 사랑하면서 살 수 있도록 설정해 둔 본질적 원리다. 이해를 돕기 위해 애초에 사회가 형성되기 시작한 때로 돌아가 보자!

당신은 속세에 지쳐서 다른 모든 사람으로부터 독립을 선언했다. 사람이 살지 않는 멀리 떨어진 산지에서 홀로 살기로 결정했다. 혼자서 과일과 야채를 가꾸고, 닭, 소, 양, 돼지를 키울 수 있다. 양털과 목화에서 실을 풀어 직물을 짜고 옷을 만들어 입을 수도 있다. 자유를 만끽하며 기뻐할 수 있다.

정말 그럴까? 얼마 안 가서 사회에서보다 오히려 훨씬 지치고 힘들다는 것을 깨닫게 될 것이다. 당신은 좋아하는 일은 거의 하지 못한다. 당장 먹고살기 위해 장작을 패고 동물들 먹이를 주고 식량을 구하는데 온 힘을 쏟아야 한다.

그러다 문득 아이디어가 떠오른다. 당신은 친구 3명을 꼬드겨서 지금 살고 있는 산으로 불러들인다. 한 친구는 밭을 갈고

쌀을 재배하는데 특출난 재능이 있다는 것을 발견했다. 한 친구는 직물을 짜서 옷을 만드는데 소질이 있었다. 또 한 친구는 소 젖을 기가 막히게 잘 짠다.

이때 당신은 한 가지 아이디어가 떠올랐다. "애들아 각자가 잘하는 일에 집중하고 일주일에 한 번씩 모여서 생산물을 교환하는 게 어떨까?" 놀랍게도 당신과 친구들은 모두가 원하는 것이나 필요한 것을 훨씬 빠르게 얻을 수 있게 된다.

더 이상 설명하지 않아도 무엇이 효과적인지 알 수 있다. 모두가 똑같은 일을 하기 위해 경쟁에 몰두하는 것은 끔찍할 정도로 비효율적이다. 모두가 소젖을 짜는 데만 집중 경쟁한다고 생각해 보라! 각자가 잘하는 분야를 찾아 전문화하고, 부족한 것은 타인과 교환하는 것이 훨씬 효율적이다.

실제 사회도 마찬가지다. 위 이야기가 수만 배 세분화된 것이 사회의 본질적인 구조다. 커리어넷에 등록된 우리나라의 정식 직업의 수는 454개이다. 5000만 명 국민이 454개의 자리를 두고 싸우는 걸까? 아니다. 세상은 전문화와 교환의 원리로 작동한다. 우유를 만드는 사람이 있다면, 우유를 옮기는 사람, 우유 포장 디자인을 하는 사람 등등. 수없이 많은 분야가 파생될 수 있다.

위대한 경영의 구루 피터 드러커는 이렇게 말했다. "인간의 위대한 다양성을 생산적으로 사용하려면 각자의 다양한 능력을 한 가지 과업에 집중해야 한다. 나는 두 가지 이상의 중요한 일을, 동시에 탁월하게 해내는 사람을 본 적이 없다.”

진짜 현실은 각자만이 할 수 있는 일이 있다. 당신도 당신의 개성에 딱 맞는 일이 있다. 나아가 사람들과 그 생산물을 서로 교환한다면, 풍요는 얼마든지 창조할 수 있게 된다.

본격적으로 전문화와 교환에 대해 살펴보자.

● 비교 경쟁에서 벗어나는 첫 번째 원리 : 전문화

대부분의 사람들은 자신이 가진 기술, 가치, 성과 등에만 집중하기에 끝없이 타인들과 비교하고 경쟁을 하게 된다. 비교 경쟁에서 벗어나는 첫 번째 원리, **전문화의 핵심은 ‘타인의 입장에서 생각하는 것’**이다. 내가 줄 수 있는 기술 재능을 내 입장으로 생각하지 않고, 내가 가진 기술과 재능을 세상의 관점에서 바라보는 것이다.

박캉테 코치님과 〈차차차〉 축구 프로그램을 기획했을 때다. 캉테 코치님은 함부르크에서 손흥민과 함께 훈련을 했을 정도로 엘리트 코스를 밟았던 실력자다. 하지만 대퇴부 골절이라는 부상을 입으면서 프로 데뷔에 실패하였다. 하지만 실패라는 것은 ‘프로’라는 영역 안에서의 문제다. 그 재능과 실력을 일반인이라는 타깃으로 옮기면 어떻게 될까? 아마추어 일반인들도 자신만의 축구 팀을 가지고 선수 생활을 시작하고 싶어 하는 꿈을 가지고 있다. 광안동 손흥민 만들기 프로젝트는 그렇게 시작되었다.

결과는 첫 달에 100명 이상의 인원을 모였다. 이 캉테 코치님은 의문을 제기하셨다. “내가 더 기술과 실력을 쌓아야 하는 게 아닐까요?” 하지만 그렇지 않다. 캉테 코치님의 축구 기술과 재능은 이미 충분하다. 단지 그 재능을 사람들의 문제를 해결해 주는 방향으로 사용하지 못한 게 문제다. 효과적으로 발휘될 수 있는 맥락을 만들어 낸 것이 기획의 가장 큰 효과였다. 실력이나 재능은 그대로다. 하지만 어떤 방향으로 그 실력과 재능을 사용하는가에 따라 자신이 제공할 수 있는 가치가 달라진다.

또 한 가지 사례다. 대한민국에 영어 스피킹을 할 수 있는 사람은 수없이 많다. 비교 경쟁의 세뇌에 빠진 사람은 어떻게 접근할까? 남들 보다 더 뛰어난 영어 강사가 되기 위해 노력하거나, 하나도 특색이 없는 방식으로 가치를 제공할 것이다.

김형원 작가님은 미국 유학 생활을 통해 영어를 능숙하게 사용하신다. 현재 뷰티 사업을 하시고 계신다. 우연한 기회로 외국인에게 화장품 소개를 하면서 얻게 된 정보가 있으셨다. 미국 사람들이 한국의 성형수술 실력에 관심이 많다는 것. 거기서 전문화의 아이디어가 떠올랐다.

한국에서 외국인들을 상대로 성형수술을 가이드 해주는 사람은 얼마나 될까? 없다. 하나의 업계가 탄생하는 것이다. 그렇게 탄생하게 된 것이. ‘RyanKim의 성형수술 완벽 가이드’

다. 미국에서 도착할 때부터 호텔 예약, 미용, 수술 후 심리 컨설팅까지, 올인원으로 가이드를 제공해 준다. 미국 커뮤니티에서 입소문이 나서 달력이 가득 찰 만큼 많은 사람들이 찾아오고 있다.

경쟁이란 같은 틀에서 경쟁하기 때문에 발생한다. 각각의 재능과 기술, 실력을 타인의 입장에서, 세상의 관점에서 바라본다면 자신만의 전문화된 영역을 구축할 수 있다. 가치는 맥락에 따라 달라진다.

실력, 재능, 기술도 중요하다. 하지만 그보다 더 중요한 핵심은 '관심을 타인으로 옮기는 것'이다. 자신의 실력을 쌓는데만 집중해서는 결코 세상에서 자신만의 전문화된 영역을 만들 수 없다. 타인에게 그리고 사회에 도움이 되는 일이라면 그 어떤 일도 새로이 창조해 낼 수 있다. 전문화를 활용하면 누구나 자신만의 개성 있는 직업을 창조할 수 있게 된다.

● 비교 경쟁에서 벗어나는 두 번째 원리 : 교환

비교 경쟁의 세뇌에 빠져 있는 사람들이 대표적으로 가지고 있는 2가지 인식이 있다.

"저는 아무런 능력이 없는걸요?" or
"굳이 누구 도움받지 않아도 저 혼자 할 수 있어요."

혹시 당신이 현실을 경쟁이라고 보고 있기에 다른 사람과 비교해서 본인이 멍청하고 부족하다고 생각한다면, 혹은 타인이 없어도 이것저것 모든 것을 다 해서 혼자 성과를 낼 수 있다고 생각한다면 큰 오산이다. 이는 인간이 인간이 될 수 있었던 본질을 거스르는 것이다.

문제의 원인은 나 자신이 고립된 존재라는 인식이다. 예상컨대 당신은 지금 카페 한켠에 앉아서 이 책을 보고 있을 것이다. 어떻게 이 상황이 가능할까? 이유는 당신이 다양한 사람들의 협력을 구하고 있기 때문이다. 혼자서는 지금 이 카페에서 마시고 있는 아메리카노도, 이 우드톤 책상과 의자도 만들어 낼 수 없다. 우리는 서로가 가진 힘을 교환하여 협력하기 때문에 강력한 것이다. 우리는 서로가 가진 강점을 교환함으로 인해 풍요를 창조한다.

이것이 바로 비교 경쟁에서 벗어나는 두 번째 원리, 교환의 힘이다. 인간은 따로 떨어져 있으면 나약하다. 이를 받아들이고 서로의 능력을 교환하여 협력하는 것이 인간 고유의 창조 방식이다.

캉테 코치님의 〈차차차〉 이야기로 돌아가 보자. 캉테 코치님이 잘하시는 것은 축구에 대한 지식, 사람들에게 강의하는 것이다. 하지만 경영과 서비스 제공을 위한 운영은 다른 팀원이 더 잘한다. 〈차차차〉라는 사업체가 창조될 수 있었던 이유는, 그것을 잘하는 팀원들과 강점 교환이 있었기에 가능한 것이다.

경영의 본질은 사람을 통해 일하는 것이다. 능력 있는 사람들을 뽑고 사람들을 성장시키고 그들의 능력과 기술을 교환하여 함께 일하는 것이다. 피터 드러커는 이렇게 이야기했다. "함께 일하는 유일한 정당성은 서로의 강점 교류다."

빠른 사람에게는 꼼꼼한 사람이 필요하다. 또한 관계 중심적인 사람에게는 목표 지향적 사람이 필요하다. 영업형이 있다면 관리형이 있고, 기획형이 있다면 실행형도 있기 마련이다. 사람은 약점을 가진 존재이므로 좋은 팀과 조직을 만나서 함께 일할 때 시너지를 내게 되어 있다.

심지어 일본 도쿄의 도시락 업체 다마고야는 동내 양아치들을 고용한다. 그들이 가진 집념 즉 '곤조'는 어떻게든 배달 일을 완수하고야 마는 능력으로 발현된다는 것이다. 그들만의 곤조가 바탕이 된 배달 일은 책상에 앉아 공부만 한 소위 인재들은 결코 할 수 없다는 게 사장 유이치로의 생각이다.

미국 사람을 대상으로 한 성형수술 가이드 형원 님도 마찬가지다. 처음에는 한국에 성형수술을 하러 오는 사람들에게 통역을 제공하는 일로 전문화된 영역을 만들었다. 그 과정에서 사람들은 성형뿐만 아니라 뷰티 전반에 관심이 있다는 것을 알게 되고, 성형외과뿐만이 아니라, 미용실, 퍼스널 컬러, 호텔과도 협력을 하고 있다. 형원 님은 고객과 연결을 제공하고, 협력업체는 각 협력업체가 제공할 수 있는 가치를 교환하는 것이다. 사업은 교환 행위가 더욱더 활발해지며 커져나간다.

당신은 당신만의 삶의 방식을 창조할 수 있다. 전문화와 교환을 통해 당신이 하고 있는 일로 어떻게 하면 사람들의 불편, 시간, 돈을 아껴줄 수 있을지 고민하시라. 사람들의 필요에 따라 전문화된 영역은 얼마든지 세분화하여 창조할 수 있다. 그리고 당신이 가진 전문화된 영역을 통해 사람들과 교환하는 데 힘쓰시라.

지금은 축복의 시대다. 책상에 앉아서 평생 죽을 때까지 만날 수 없는 현자들, CEO들, 학자들, 부자의 조언, 각종 기술들을 접하고 배울 수 있다. 내 상황에 접목할 수 있는 실전 지식들이 무한하게 넘쳐흐른다.

도움이 필요하다면 학교를 세운다를 검색하고 도움을 요청하시길 바란다. 당신만이 할 수 있는 일을 찾고 기획하는 것이 〈학교를 세운다〉의 존재 이유이다.

● Solution Story. 평생 직업이라는 환상

정년까지 한 가지 직업에 매진하는 것이 옳다는 환상에 사로잡혀 있는 사람이 아직도 많다. 일에서 동기를 느끼고 기쁨을 느낀다면 모르겠지만, 자신에게 맞지 않는 옷을 그래야만 한다는 생각 하나로 계속 부여잡고 있을 이유는 없다.

"죄송하지만 저는 사업 뭐 그런 거 별로 관심 없습니다. 취업해서 300 정도만 벌어도 충분히 좋을 것 같은데요?" 현재 〈디자인그룹 어썸〉의 대표 박형주 사장님의 과거 이야기다.

형주 사장님은 평범한 공대생이었다. 부모님 말씀을 따라, 인서울 서울에 있는 대학에 진학했다. 하지만 마음 깊은 곳에서 전공이 적성 맞지 않는다는 고민이 있었다. 현재는 전문화와 교환 개념에 대해 이해한 후, 직장인 월급을 훨씬 상회하는 그래픽디자이너로 새로운 삶을 살고 있다.

가장 먼저 시작한 일은 질문이었다. '내가 정말 하고 싶었던 일은 뭘까?' 깊은 고민 끝에 사진을 찍거나 내 생각을 이미지로 표현할 수 있는 디자인을 떠올렸다. 다시 질문했다. '내가 디자인으로 도움을 줄 수 있는 가장 작은 일이 무엇일까?' 적어도 PPT는 잘 만든다는 재능이 있었다. 그렇게 프리랜서 사이트 크몽을 통해 PPT, 포스터, 사진 편집 외주 서비스를 5000원에 시작했다. 방법은 망고보드라는 템플릿 활용 사이트를 적용해서 이미지를 쉽게 만들 수 있었다.

일하면서 깨닫게 된 고객들의 문제가 있었다. 직장인들은 작업물에 대한 피드백 요청을 드리면 시간이 오래 걸리더라는 것이다. 왜 그런지 살펴보았더니, 항상 상사에게 컨펌을 받고 오기 때문이었다.

형주 사장님은 여기서 기회를 발견했다! 사장님에게 칭찬받게 도와주는 전국 대리님의 디자인 파트너. 〈디자인 그룹 어썸〉은 그렇게 탄생했다. 형주 사장님이 깨달은 것은 회사에서 디자인 작업을 빠르게 해내야 하는데 디자인 실력은 젬병인 김 대리님들의 어려움이었다. 그분들의 문제를 이해하고 저희는 '상사에게 외주 잘 줬다고 칭찬받게 해드리는 디자인 파트너'라는 컨셉으로 디자인 사업을 시작하게 된 것이다.

처음엔 순탄치 않았지만 1년 동안 끊임없이 전국 대리님들의 디자인 파트너로서 최선을 다해 어려움을 해결해 주었다. 나중에는 디자인 의도만 이야기해도, 웹사이트 혹은 세일링 페이지 기획까지 올인원으로 해주는 서비스로 발전하기도 했다.

1년 후 대리님들의 소개로 각 회사에 고정 계약이 되고, 또 소개로 대기업과도 계약을 하게 되면서 월 천만 원 이상의 순수익을 내기도 했다. 외주 사이트 크몽에서는 디자인 부문 1위에 등극했다. 타인의 입장에서 생각하는 사랑의 태도로 자신만의 명확한 전문화 영역을 구축할 수 있었던 것이다.

이후 다른 실력 좋은 디자이너들을 고용하기 시작했다. 자신은 이 가치를 알리고 더 큰 기회를 잡아오는데 집중하고, 실제

업무는 디자인 실력은 좋으나 수익 창출의 기회로 옮기지는 못하는 사람들과 교환을 진행한 것이다. 형주 대표님은 자신이 좋아하는 디자인을 통해 더 많은 사람들에게 가치를 나눌 수 있는 시스템을 창조했다.

디자인 사업을 안정화 시킨 후, 형주 대표님은 또 다른 관심 분야를 기획하기 시작했다. 바로 음악이다. 음악은 취미로는 해도 돈 벌기는 어렵다는 인식이 있다. 맞다. 음악 계 안에서는 그렇다. 0.1% 안에 드는 음악가들 만이 음악으로 돈을 벌 수 있다. 하지만 전문화와 교환을 이해한다면 완전히 새로운 영역이 탄생하게 된다.

형주 대표님은 여자친구에게 명품백 같은 일반적인 선물이 아닌 의미 있는 선물을 주고 싶었다. 그러다 소중한 사람과 있었던 사연을 음원으로 만들어 제공해주면 어떨까? 하는 아이디어가 떠올랐다. 세상에 하나뿐인 노래 선물. 〈It's your time〉의 기획이었다.

형주 대표님은 음악을 전공한 사람이 아닌데 어떻게 그 문제를 해결할 수 있었을까? 교환이다. 형주 대표님은 우선 음악을 소중한 사람에게 주는 의미 있는 선물을 제공하는 서비스로 전문화 했다. 실질적인 일 진행은 전문가를 스카우트했다.

그렇게 만난 분이 〈It's your Time〉의 공동대표 아티스트 Dusty다. 그는 10분이면 곡 한 곡을 창조해낼 만큼 실력이 출중하다. 10년간 하루도 빠짐없이 음악 작업을 했다고 한다. 그를 찾아가서 제안했습니다. 소중한 사람에게 의미 있는 선물을 주고 싶은 사람들을 위해 '소중한 사람과 있었던 사연을 음원으로 만들어주는 프로젝트'를 진행하자고 말이다. Dusty 아티스트도 직장 이외 부수익이 생기니 거부할 수 없는 제안이었습니다. 어떻게 됐을까요?

사람들과 함께 작사를 하고, 이를 통해 직접 부른 노래를 음원으로 만들어 멜론에 업로드 한다. 카카오톡 배경에 여자친구에게 보내는 음악을 설정한다. 크리스마스 연말. 여자친구에게 음악을 선물했다. 서비스를 받은 손님들께 잊지 못할 추억을 남겨드리고, 한 분당 고맙다는 말씀을 들으며 50만 원의 수익도 얻게 되었습니다. 첫 달 총 5분과 작업을 하여 250만 원의 수익을 얻게 됐다. 전문화와 교환을 통해 모두에게 이로운 기획을 한 것이다.

우리가 경쟁하고 있는 이유는 명확하다. 자신의 존재 의미를 경쟁에서 승리하는 데 두고, 타인의 관점에 공감하지 못하는 데 있다. 서로의 생각과 능력을 차등적으로 바라보면 교환이 어렵고 협력이 안되게 된다. 결국 내 삶의 가치를 낮게 생각할 수밖에 없어진다.

현실은 당신만의 개성대로 업을 창조하고, 세상의 문제를 해결하는 라이프스타일이 가능한 시대다. 그들은 자신이 관심을 두는 분야가 있다면, 그 분야를 가지고 성과를 낸다. 바로 킹핀의 사고방식 전문화와 교환을 이해하고 있기 때문이다.

하지만 전문화와 교환의 원리는 수단이고 방법이다. 이 수단을 묶어주는 힘은 어디서 생길까? 더 본질적인 원리가 있다.

바로 사람들을 위하는 사랑의 마음 즉, '목적의식'이다. 다음 사례에서 살펴보도록 하자!

Solution Story 2.
당신만의 목적의식을 가져라

킹핀 라이프 스타일에는 항상 타인이 있다. 내가 잘 되기 위해 비교하고 경쟁하는 그 누군가가 아니다. 내가 존재하는 이유, 내가 경험했던 고통과 어려움을 해소해 주고, 나아가 기쁨과 비전을 나누는 그런 누군가다. 이번 글을 통해 킹핀 라이프 스타일이 어떤 것인지 여러분의 머릿속에 그림을 그려주고 싶다. 일반인이 축구 선수의 꿈을 이룰 수 있는 곳. 차차차 축구 콘텐츠 이야기다.

당시 유튜브 2만 구독자(현 4만 4천) 차차차 축구 콘텐츠의 박성환 코치님과 사업을 기획할 때였다. 함부르크에서 유학 생활을 했던 박 코치님은 대퇴부 골절로 프로 진출에 실패했다. "나는 안되는 걸까.." 고민하시던 찰나에 기획을 함께하게 되었다.

나는 우선 왜 축구를 시작하셨냐고 물었다. 성환 코치님이 축구를 하는 이유는 실력을 쌓고 싶어서도, 사람들이 좋아서도 아니다. 근본적인 이유는 '선수가 되고 싶다는 어린 시절의 꿈'이다. 남자라면 공감할 것이다. 퇴근길에 이강인 손흥민 하이라이트 영상을 보면서 설레어 한다. 뭉쳐야 찬다 같은 프로그램을 보면서 나도 나만의 팀을 가지고 축구를 체계적으로 즐기고 싶다는 꿈이 있다.

문제는 '전문화를 어떻게 할 것인가'였다. 시선을 돌려보자. 축구를 좋아하는 일반인들도 축구 선수의 꿈을 품고 있지는 않을까?

결론은 일반인이 100% 만족할 수 있는 축구 서비스는 없다는 결론에 이르렀다. 일반인이 축구를 할 수 있는 경우의 수는 3가지다. 풋살 동호회나, 조기회, 축구 강좌를 끊는 것이다.

우선 조기회는 친목 도모는 좋으나 짜임새가 없다. 대부분 조기회는 가끔씩 듬성듬성 오는 사람들끼리, 짝수도 맞지 않게 경기를 하게 되는 경우가 있다. 가끔은 패스조차 되지 않는 아저씨들과 함께 발을 맞출 때면, 아무리 파이팅 넘치게 뛰다가도 힘이 푹푹 빠질 때가 많다. 이런 경기들은 정기적으로 참가해도 축구 실력이 늘지 않는다.

그나마 젊은 사람들이 많이 오는 풋살 동호회에 참가하는 수도 있다. 하지만 나만의 팀이 아니기 때문에 포지션도 없고, 정해진 전술도 없다. 공차는 즐거움은 있지만 실제 축구 경기를 하는 느낌은 아니다. 재미의 한계가 있는 것이다.

그렇게 축구 강좌를 끊어 봐도 문제는 있다. 실력은 확실히 늘지만, 실제 경기할 시간이 없더라는 것이다. 아니 공차고 싶어서 축구를 배우는데, 실제 경기를 하지 않는다니.. 대부분의 일반인들은 일주일에 하루 그것도 3~4시간 정도를 겨우 짬 내서 축구를 한다. 그런데 배우기만 하고, 실제 경기를 하는 시간이 없으니, 배운 것을 써먹을 시간이 없다.

실력의 한계, 짜임새의 한계, 재미의 한계, 이 3가지 한계를 보며 우리는 결론지었다.

"아마추어 일반인 축구선수를 위한 무언가는 존재하지 않는다." 그냥.. 우리가 만들자!

상상해 보자. 주말에 축구 경기를 한다. 월요일 퇴근길에 유튜브를 켜면 자기가 뛰었던 경기 하이라이트가 나온다. 수요일에는 축구 전문 코치님이 경기 내용을 분석해서, 우리 팀이 더 잘하려면 어떻게 해야 되는지, 내가 플레이를 더 잘하려면 어떻게 해야 되는지 피드백 영상을 올려준다.

주말에는 그 내용 바탕으로 훈련받는다. 공격수면 공격수, 수비면 수비. 팀에서 자신의 역할과 책임이 명확하게 생긴다. 닉네임도 생긴다. (나는 광안동 수아레즈였다.) 팀원들과 합을 맞춘 공격 전술이 생긴다. 상대편 팀과 다시 경기를 한다. 가야동 델리알리가 올린 크로스를 그대로 골로 연결시켰다. 연습했던 공격 전술이다! 월요일 하이라이트 영상 또 올라오고 … 이 패턴이 반복된다. 아마추어지만 진짜 축구선수 생활을 시작하는 것이다!

이 과정으로 몇 번의 프로토타입을 진행해 보았고, 사람들이 좋아하는 방식으로 수정을 거듭했다. 이후, 웹사이트를 만들어 유튜브에 링크를 달았다. 첫 달부터 신청자가 거의 100명 가까이 모였다. 대박이 난 것이다.

사람들은 왜 모였을까? "일반인이 축구 선수의 꿈을 이룰 수 있는 곳"이라는 일념. 바로 누군가를 위하는 마음. 사랑의 마음을 바탕으로 한 〈차차차〉의 목적의식 때문이다.

목적의식은 사람들을 묶어주고 이어준다. 어느 날 팀장들이 차차차 프로그램에 대한 문제를 빼곡히 적어서 찾아온 적이 있다. 노후된 훈련장비, 프로그램 시간이 짧다는 등, 비판적인 피드백이었다. 팀원들은 그런 고객들의 모습에 걱정이 되어서 반박을 하려고 했다.

하지만 나는 기회라고 생각했다. 나는 팀원들에게 이렇게 이야기했다. "우리가 함께 하는 이유는 아마추어도 축구 선수의 꿈을 이룰 수 있다는 목적의식 그것 하나입니다. 고객들도 마찬가지이지요. 현실은 부족할 수 있습니다. 하지만 더 좋은 프로그램을 고객들과 함께 만들어나가면 어떨까요? 피드백을 듣고 반영해서 더 좋은 프로그램을 만들어 버립시다. 그게 진짜 진정성일 거에요!" 우리는 팀장님들의 이야기를 한 분 한 분 면담을 통해 경청했다. 그리고 프로그램 개선에 동참시켰다. 결과는 어땠을까? 해운대 나카타님. 명지동에서 왕복 4시간이 걸리는 거리를 매주 빠지지 않고 오신다. 왜일까? 〈차차차〉는 나카타님의, 나의, 팀원들의, 우리 모두의 나의 꿈을 함께 이루어나가는 곳이라는 확신이 생겼기 때문이다. 1년 반이 지난 지금도 그때 함께 했던 팀장님들이 프로그램의 주축이 되어있으시다.

GE의 리더십센터를 총괄하는 라그후 크리슈나무르티는 이렇게 이야기했다. “우리는 모두 함께 오른다! 우리가 고객의 문제를 해결하면 고객은 더 높이 오르고, 고객이 더 높이 오르면 우리 역시 더 오른다. 의심할 여지는 없다.”

당신과 나 또한 마찬가지다. 우리는 킹핀으로 이어져있다. ‘사람들의 문제를 해결할 때 모든 것을 얻는다.’는 신념이 우리를 이어준다. 사랑하는 삶을 사는 것. 이는 우리를 넘어 온 인류와 우주를 이어주는 목적의식이다.

스스로에게 질문해 보자.
"나는 누구를 위해 존재하는가? 어떤 문제를 해결하기 위해 이 땅에 왔는가?”
자아실현의 본질은 사랑이다.

● Vision. 그때가 임하면

나는 어디에서나 반항아였다. 아버지에겐 통제 안되는 놈, 학교에서는 어디로 튈지 모르는 가출 청소년, 교회에선 지옥 길에 제 발로 들어선 놈, 군대에선 회색분자, 대학에선 다 따놓은 취업길 제 발로 찬 놈 등. 어딜 가나 이해 안 되는 특이한 놈이었다. 이해한다. 내가 보아도 내 삶은 일반적이지는 않았다. 나는 내가 옳다고 생각하는 길이 아니라면 곧 죽어도 따르지 않았다.

낙담도 많이 했다. '진짜 나는 또라이 반항아인가?' 하는 생각이 문득문득 나를 찾아 오곤 했다. 이제는 그렇지 않다. 명확한 목적의식이 있기 때문이다. 나는 수없이 자문했다. "Rebel아. 네가 정말로 정말로 하고 싶은 일이 뭐니. 네 가슴을 울리는 꿈이 있다면 그게 뭐니."

12살이었던 것 같다. 교회당에서 불렀던 찬송가 있다. 대충 이런 내용이었다.

"그때가 임하면 사막에 샘이 넘쳐 흐르고, 사자가 양 떼와 뛰놀고, 어린아이가 뱀굴에 손을 넣고 노는 그런 나라가 오리라."

어렸지만 이 노래를 부면서도 말이 안 된다고 생각했다. 사막은 비가 안 오니까 사막이고, 당연히 잡아먹히게 될 양과 아이가 불쌍했다. 아마 비교 경쟁의 세뇌 속에서 약육강식의 논리로 세상을 바라보고 있었기 때문일 것이다.

얼마 전 늦은 저녁에 혼자 책상에 앉아 생각하다 문득 깨닫게 되었다. '샘과 양, 사자, 아이와 뱀은 비유다. 풍요가 넘쳐흐르는 세상과 각 사람의 개성을 뜻하는 것이다.' 즉 각자만의 전문화된 영역을 가지고 이를 교환하며 풍요를 누리는 곳이 세상이라는 의미다. 즉 그때 찬송가는 사랑의 마음이 세상을 뒤덮을 때 천국이 온다는 예언이었다.

세상은 상다리가 부러질 정도로 거나한 음식이 가득 차려져 있는 곳과 같다. 사람들은 그 상에 모두가 둘러앉아 있다. 하지만 도구는 1m가 넘는 젓가락뿐이다. 지옥에서는 어떻게든 그 젓가락으로 각자가 집어먹으려고 한다. 당연히 젓가락이 너무 길어서 실패한다. 겨우 반찬 한입을 입에 넣은 옆 사람을 보며 시기하고 질투한다. 모두가 말라간다. 하지만 천국은 다르다. 서로가 서로를 먹여주며 풍요롭고 행복한 식사시간을 즐긴다. 모두가 무한히 먹고 마셔도 남아돈다. 모두의 입가 감사와 미소가 가득하다.

그렇다. 나는 천국을 꿈꾼다. 나는 이 땅에 천국이 있다면 그것이 무엇일지 찾아내고 싶다.

예수는 이야기했다. "천국은 네 안에 있다." 천국과 지옥은 내가 세상을 어떻게 바라보느냐에 따라서 나뉜다. 천국은 2가지 코드가 있다. 내가 줄 수 있는 음식을 선택할 것. 그리고 사람들에게 먹여줄 것. 즉 자신만의 전문화된 역할을 가지는 것.

그리고 사람들과 교환하는 것이다. 전문화와 교환은 천국을 꿈꾸는 자들이 지닌 명확한 역할과 책임이다.

모두가 천국의 풍요를 누리게 만들 순 없을까? 이 땅에 그러한 때가 온다면 그것은 언제일까? 어린 시절부터 바라고 찾아왔던 것 같다. 내가 하는 모든 일도, 이 책도 천국이라는 꿈을 실현시키기 위한 시도였던 것이다.

상상해 보자. 속해만 있어도 더 나은 상황으로 변화하는 그런 시스템을 만들 순 없을까? 걱정과 미래에 대한 불안, 가난과 고통에서 벗어나서 무한한 풍요를 누릴 수 있는, 물질적 정신적 영적인 풍요를 함께 공부하고 나눌 수 있는 곳이 있지 않을까? 그런 곳은 어디 없을까?

참 많이도 찾았다. 부자들의 커뮤니티, 교회, 법당, 등. 하지만 한계는 있었다. 모든 곳에는 기준이 있고 그 기준을 통해 선악이 나뉜다는 것이었다. 다시 말해 양과 사자의 조화를 이야기하는 곳은 없었다. 양은 양끼리 사자는 사자끼리 모여 살거나, 양과 사자는 서로를 서로의 선악 기준에 따라 나누고 있었다.

"그래, 그냥 우리가 만들자!"

이 비전을 안고 부자들을 만나고 돌아다녔다. 그때 알게 된 사실은 부를 이루는 원리는 '서로가 서로를 도와 함께 만들어내는 것'이다.

부와 풍요는 당연한 것이다. 우리는 카페에 가서 5000원 정도 내면 커피 한 잔과 공간을 누리는 게 당연하게 이루어질 것이라고 생각한다. 하지만 조금만 생각해 보면 수많은 사람들이 전문화와 교환을 통해 만들어낸 결과란 것을 알 수 있다. 카페를 만들기 위한 사장님의 노고, 인테리어 업자분, 로스팅 업체, 원두를 생산하는 노동자, 자제 유통 서비스 등등. 주변 모든 것이 하나같이 사람들의 힘과 노고를 통해 이루어졌다. 모두의 힘이 지금 이 상황을 창조한 것이다.

하지만 우리는 부를 이루는 것을 전문화와 교환의 관점에서 바라본 적이 없다. 홀로 모든 것을 만들어 내려고 하고 불가능하다고 생각한다. 그렇지 않다. 부를 창출하는 올바른 시스템은 모두가 함께 힘을 모아 만들어 내는 것이다. 부는 공기와 같이 자연스럽게 또 부담스럽지 않게 존재한다. 마치 천국처럼.

〈학교를 세운다〉로 오시라. 모두의 힘이 어떻게 부를 이루게 만드는지 두 눈으로 확인할 수 있을 것이다.

자아실현의 본질은 사랑이다.

4 Pin.

진로

나는 대체되는 인간일까?

4 Pin. 진로

나는 대체되는 인간일까?

대학가기 게임의 세뇌 : 최신 기술, 토익, 자격증, 대학 명패 등. 일단 스펙을 쌓는 게 최우선이다. 내가 좋아하고 잘하는 일이 무엇인지는 나중에 생각한다.

킹핀 라이프스타일 : 문제해결력을 기른다. '사람들의 문제가 무엇이고 어떻게 해결할 것인가?' 성공은 내가 해결하는 문제의 범위에 달려있다.

Problem. 아무도 말해주지 않는 진짜 진실

"내가 가진 기술, 지식, 능력이 대체되지 않을 것이라고 어떻게 장담할 수 있는가?"

두려웠다. 섬뜩하기도 하고. 나 자신은 그렇다 치더라고, 자식, 우리 가족, 같이 일하는 팀원들 생계 또한 지킬 수 없을지 모른다는 불안이었다. '나는 미래를 위해 무엇을 준비해야 하는가' 이번 글에서는 내가 겪은 고통을 극복해 내면서 배운 대체되지 않는 사랑의 기술에 대해 다룰 것이다.

사람들을 상담하다 보면 대부분 진로에 대해 막연하게 생각하고 있거나 비슷한 답변을 내놓곤 한다. "진로요? 먼저 내 능력을 키워야 하는 거 아니겠어요? 직장인이라면 업무 스킬을 익혀서 업무를 더 효율적으로 해 낼 수 있어야 할 것 같아요. 프리랜서라면 웹디자인, 코딩, 영상편집 같은 기술들을 배워야겠죠. 취준생도 마찬가지예요. 최신 기술, 토익, 자격증, 대학 명패 등 일단 스펙을 쌓아서, 내 능력을 쌓는 게 최우선이지 않겠어요? 요즘 뭐 블로그, 인스타, 유튜브 같은 온라인 부업도 많더라고요? 또 메타버스, NFT, 코인 부업을 넘어 ChatGPT 부업까지 나오고 있긴 해요!"

단언컨대 현시대에는 위와 같은 사고방식으로는 당장 3, 4년 뒤의 생계도 보장될 수 없다.

나는 건축사라는 꿈을 가지고 공부를 해왔다. 동기도 느끼고 남들 1년에 1개 할까 말까 한 공모전을 밤을 새워가며 7~9개씩 나갔다. 사람들 삶을 더 나아지게 만드는 건축가가 되어서 국내에서 프리츠커상을 수상하는 첫 건축가가 될 것이라는 꿈이 있었다. 그렇게 국내에서 가장 규모 있는 건축설계회사에 취업을 하게 되었다.

그때 목격한 것이 '설계도를 자동으로 생산하는 AI 시스템'이다. 12명의 인원이 밤을 새워가며 수개월 동안 제작한 배치도를, 이 기계는 하루아침에 5개를 제작해 왔다. 5개도 사람이 5개만 하라고 설정한 것이었다.

대부분 직원들은 별거 아닌 일처럼 여겼다. 건축 설계 업은 전문직 중의 전문직이기 때문에 기계가 결코 사람을 대체할 수 없을 것이라고 생각했기 때문이다.

말문이 막혔다. 눈앞의 현실을 보고도 믿지 않는 사람들을 보며, 나는 섬뜩함을 느꼈다. 지금 당장은 사람들 말처럼 괜찮을지 모른다. 하지만 도면 잘 그리고, 이미지 잘 그리는 '기술자'가 되어서는, 내가 절대 AI를 넘어설 수 없으리라 판단했다. 나는 건축회사를 그만두었다. 주변에서는 "너무 성급하게 생각하는 거 아니야?"라고 말렸다. 맞다. 당장 3년~5년은 괜찮을 수 있다. 하지만 향후 10년~15년 뒤는 어떨까?

"지금도 이미 현실이다." 당시 나의 결론이다. 당시 나는 AI

기술의 진보와 미래 직업 간의 인과관계를 이해하기 위해 40권 이상의 AI 관련 도서를 읽었다. 건축설계 업은 이미 2014년을 분기점으로 AI가 꾸준히 잠식해오고 있다. 건축설계는 가장 많은 양의 지식과 판단을 요구하는 전문직 중 하나다. 이런 복잡한 기술도 AI가 대체해오고 있는데, 다른 업종은 어떨까?

지난 10년간 자동화 물결은 단순 반복 작업이 대부분인 제조업을 휩쓸었다. 학습 능력을 갖춘 AI는 이제 무서운 속도로 고임금 직종까지 파고들고 있다. 최근 스탠퍼드대학교에서 진행한 연구에서는 AI가 애널리스트, 세일즈 매니저, 프로그래머, 재테크 상담사 같은 고학력 고소득 직종의 일자리에 미치는 충격이 가장 크다. 그 강도는 자동화로 인한 공장 노동자의 실직 수준을 훨씬 넘어설 것이다.

냉정히 말하자면 기업의 입장에서 값싸고 효율적인 AI 대신, 고연봉 기술인력을 유지할 이유는 없을 것이라 판단했다. 4년이 지난 지금 내가 다녔던 건축 사무소에서 최근 인력 감축에 들어갔다는 소식을 들었다.

이 이야기를 하면 가장 자주 듣는 반박이 있다. “그러니까 대체되지 않도록 압도적인 실력을 쌓아야 되지 않을까요?” 과연 그럴까?

지금 시대에 기술은 가장 값이 싸다. 예컨대 지금은 코딩 아무것도 몰라도 앱, 웹사이트, 모두 제작할 수 있는 시대다. 심지어 당신이 책상에 앉아서 각종 전문가들을 저가로 골라서 활용할 수 있는 시대다. 아임웹 같은 플랫폼을 이용하면 코딩 아무것도 몰라도 10분 만에 당신의 웹사이트를 만들 수 있다. 또 전국 모든 전문가를 인터넷에서 고용할 수 있는 크몽, 숨고, 탈잉 같은 플랫폼이 있다.

기술은 값이 싸고 가장 쉽게 대체된다. 기술자의 생리를 조금만 관찰해 봐도 알 수 있다.

기술 플랫폼 속에서는 경쟁에서 승리한 기술자가 대략 80%~90%의 일거리를 가져가게 된다. 이런 상황이 닥치면 어떤 상황이 발생할까? 자연스럽게 하청의 하청의 하청을 주는 구조, 즉 극도의 치킨게임이 시작된다.

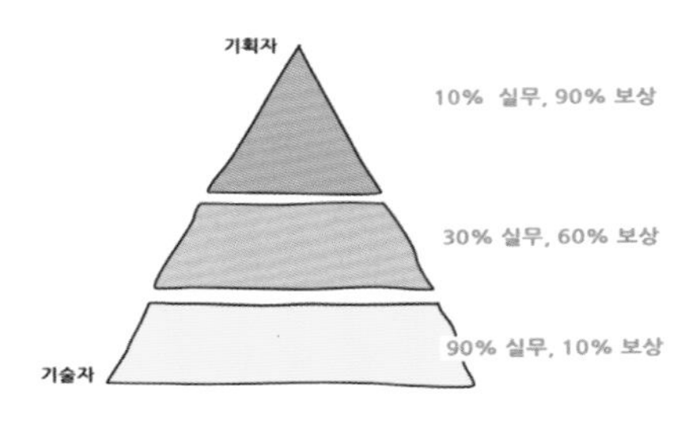

출판사를 운영할 당시, 편집자를 고용하려고 알아보았다. 3000만 원 이상 연봉을 주고 편집자를 고용하기에 앞서, 우선 프리랜서 사이트 크몽을 알아보았다. "원고 00장 문맥, 표현, 퇴고 업무를 ~가격에 도와줄 프리랜서를 찾습니다."라고 글을 올렸다.

결과는 어땠을까? "제시해 주신 금액에서 ~% 더 싼 금액으로 일해주겠다."라고 너도 나도 연락이 오기 시작했다. 제시한 포트폴리오를 확인해 보니, 출판사에서 10년 이상 일한 편집자, 기자 생활을 20년 가까이하신 분 등. 실력은 이미 입증되고도 남은 분들이었다. 연봉을 주고 정규직으로 고용하는 것보다, 훨씬 싼 가격으로 고퀄리티의 결과도 얻을 수 있었다.

또 그렇게 고용된 프리랜서는 어떻게 일할지를 생각해 보자. 프리랜서는 직접 일했을까? 절대 아니다. 자신보다 일도 잘하면서 더 싸게 일할 수 있는 사람을 찾아서 다시 하청을 주고, 자신은 다른 일을 한다.

모든 기술이든 하청의 하청의 하청 구조를 따르고, 실제 고효율 인력들이 하청의 가장 밑 단계에 많이 포식하게 된다. 결론적으로 '기술' 그 자체만 보유한다면, 일은 많고 보상은 낮게 받을 수밖에 없다는 것이다. 출판업만 그런 것이 아니다. 영상편집, 코딩, 웹디자인 등 모두 마찬가지다. 크몽에서 5분이면 직접 확인이 가능하다.

현시대 당신이 어떤 기술을 가져도, 당신보다 더 싼값으로 더 높은 퀄리티를 낼 사람은 수없이 많다. 최근에는 'OpenAI' 사의 'ChatGPT'가 나오고 연일 떠들썩하다. 매주 2, 3권씩 ChatGPT가 미칠 변화에 대한 책들이 출판되고, 유튜브 영상도 연신 도배 되어있다. (혹시 ChatGPT가 뭔지 모른다면 책을 덮고 빠르게 검색해 보길 바란다.) 이제는 지식까지 대체

되는 시기에 와있다. 대학에서는 ChatGPT를 활용한 에세이를 어떻게 다루어야 하는지에 대해 이슈가 되고 있다. 이 문제는 이미 건축을 할 때 19년도부터 피부로 느꼈던 문제의식이었다.

당신에게도 묻고 싶다.

"당신이 가진 기술, 지식, 능력이 대체되지 않을 것이라고 어떻게 장담할 수 있나요?"

잡코리아 조사에 따르면 남녀 직장인이 체감하는 평균 퇴직 연령은 평균 50.9세로 나타났다. 만약 당신이 37살 정도 되었다면, 퇴직은 12~13년 정도 남은 것이다. 8090세대의 기대 수명은 127세가 넘는다. 남은 100년을 어떻게 준비해야 할까? 나와 내 가족, 내가 사랑하는 사람들을 지키려면 어떻게 해야 하는가. 우리는 진짜 현실적인 이야기를 하고 있다. 기술은 대체되고, 지식은 값이 싸진다. 기존 대학가기 게임이 가진 사고방식으로는 결국 대체되고야 만다.

지금부터 우리는 100년이 지나도 대체되지 않을 사고방식에 대해 알아볼 것이다. 타인의 마음을 이해하고, 전에 없던 해결책을 창조하는 사랑의 기술 '하트사이클 7단계 전략'이다.

● Solution.

“A.I에 대체되지 않는 문제해결 사고”

출판사를 운영하면서 뵙게 된 시행사 사장님이 계신다. 출판 관련해 저녁식사 자리를 갖던 도중, 사장님께서 나가시는 교회를 신축할 예정이라는 이야기를 듣게 되었다. 나는 1년간의 건축 사무소 경험으로 기본적인 규모 검토와 기본설계는 가능했다. 이 또한 건축가들에게 의뢰를 하면 700만 원 이상의 비용이 든다. 이를 아끼실 수 있도록 규모 검토와 기본설계 콘셉트 안을 잡아드리겠다고 가볍게 제안을 드렸다. 흔쾌히 해보라고 응원을 해 주셨다.

일반적으로 건축가에게 의뢰를 하면 이런 식으로 일이 진행된다. "대지가 이렇고 향이 이러니까, 법규는 이러니까. 이러이러한 모습으로 지으면 되겠네?" 그리고 기본적인 도면과 모형을 건축주에게 보여준다.

이때 건축가가 제안할 수 있는 가치는 2가지다. 디자인 그리고 공사비 절감이다. 하지만 디자인이라는 게 사실 매우 주관적인 영역이다. 때문에 많은 사람들의 동의를 얻어야 하는 교회 건축 같은 경우, 건축가가 제안할 수 있는 가치는 공사비 절감이 주를 이룬다. 더 싼 공사비를 제시할 수 있는 곳이 선정되는 치킨게임이 시작되는 것이다.

우리는 '어떻게 설계하지?'처럼 내 입장에서 접근하면 안 된다. 결국 대체된다. 우선 질문해야 한다. '애초에 이 교회를 왜 지어야 하지?'라고 질문해야 한다. 사람들의 '문제', '필요'에서 출발하는 것이다.

나는 교회에 목사님들과 교역자님들을 찾아가 질문부터 시작했다. "왜 교회를 지으려고 하시나요? 이 교회가 왜 지어져야 하나요?"

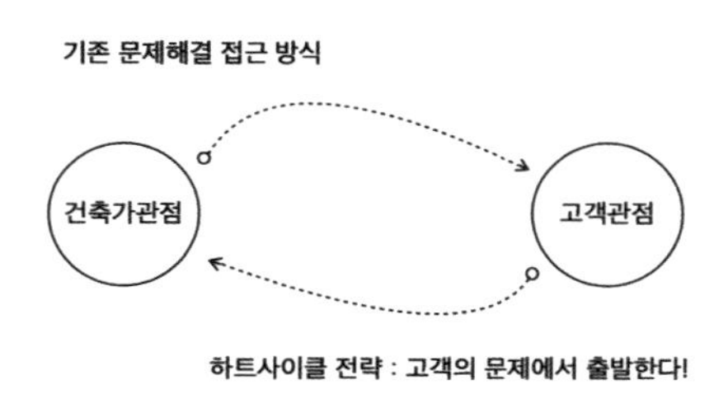

약 1달 반 동안 총 17분의 교역자분을 만났고, "교회가 왜 있어야 하나요?"라는 질문을 던졌다. 다양한 의견을 들을 수 있었다. 하나님이 거하시는 궁이다. 나눔의 기쁨이 크기 때문이다. 같은 종교의 가치에 대해 이야기하는 분은 물론, 교회를 기업의 논리와 유사하게 보는 분도 계셨다.

그리고 전국에 비슷한 규모의 교회에도 20곳 정도를 선별해서 연락 돌렸다. 13곳 정도에서 찾아오라는 허락을 받았다. 납득이 되지 않는 주장은 납득이 될 때까지 질문했다. 한 목사님과는 8시간 이상의 면담을 한 적도 있었다. 감리교 교파 신학생들의 모임에도 참가할 수 있었다. 모두 '교회를 왜 지어야하지?'라는 질문에 답을 찾기 위함이었다.

종교의 역할과 필요성에 대한 책들도 탐독했다. 벤 샤피로의 〈역사의 오른편 옳은편〉 같은 책을 읽으며, 종교적 가치가 사회를 이루는 기본 토대가 된다는 사실들에 대해서 이해할 수 있었다. 다니엘 라핀의 저서들 〈유대인의 비즈니스 성공 비결 40가지〉, 〈부의 바이블〉 등을 읽으며, 종교적 윤리와 자본주의의 교차점에 대해서도 폭넓은 시야를 얻었다. 그 결과 교회가 존재해야 하는 이유에 대해 결론을 내릴 수 있게 되었다.

교회를 짓는 목적은 '선교'다. 심플하다.

당시 그 이유를 이렇게 메모해 놓았다. "사람들이 어떻게 살아야 더 나은 삶을 살 수 있는지에 대한 기준을 제공하는 것이 종교의 존재 이유다. 예컨대 내가 지금 당장 내 옆에 있는 사람을 찔러 죽이지 않아야 하는 명분은 종교적 윤리밖에 없다. 헌법은 이를 바탕으로 만들어졌다. 또한 역사적으로 볼 때 미국을 필두로, 우리 사회가 올바른 방향으로 나아져 올 수 있었던 이유도 종교적 윤리관이 바탕되어 있었기 때문이다. 종교는 인간이 인간으로서 발전해 올 수 있었던 기준과 함께, 우리가 더 나은 삶을 살 수 있는 기준을 제시한다." 이것이 질문을 통해 발견한 '교회가 존재하는 애초 목적'이었다. 그리고 성경에는 "땅 끝까지 이 사실을 알게 하라"라는 명확한 행동지침이 쓰여있었다.

내가 해야 하는 일은 더 이상 '교회 설계'가 아니었다. 이 일을 하는 목적은 '교회 건축으로 어떻게 선교를 가능하게 할 것인가?'라는 질문에 답을 내는 것이다. 지금부터 해야 할 일은 무엇일까? 다시 질문을 통해 '왜 선교가 안되는지' 문제의 원인을 찾아나가는 것이다.

"왜 선교가 안되는가?"

나는 전국 교회 곳곳을 답사하며 선교가 잘 되는 이유, 안되는 이유를 모두 수집하고 정리했다. 실제로 인터뷰를 하면서 이끌어낸 통찰(문제의 원인)은 이것이었다. "내 삶에 종교가 어떻게 도움이 되는지 몰라서." 다시 질문을 던져보자. "왜 도움이 되는지 모를까?"라는 질문을 던지게 되었다. "종교인들 삶이 별로 닮고 싶지 않기 때문에."

말씀은 진리고, 그 진리가 현실과 맞닿아 있다면 내 삶의 문제에 명확한 지침이 될 수 있어야 한다. 쉽게 말해서 말씀이 돈이 되고, 내 인생의 의미를 찾아주고, 행복을 주는 일이 되어야 한다는 것이다. 하지만 문제는 말씀을 듣고 살아가는 종교인들의 삶부터가 비종교인들이 보기에 닮고 싶을 만큼의 삶을 살지는 않더라는 것이다.

몇 주 후. 기획안을 만들어 성전 건축 위원회 분들을 모시고 프레젠테이션을 진행했다.

프레젠테이션을 시작하기도 전에 거의 유사한 질문을 3번 받았다. "난방은 잘 되나요? 통풍은 잘 되나요? 주차장은 얼마나 있나요? 교회는 둥근 형태가 좋지 않나요?"

나는 역으로 질문했다. “위원님. 우리는 왜 교회를 짓나요? 성전 건축은 수많은 교인들 생각 차이 때문에 지난 8년 동안 진행이 안되었습니다. 돈도 100억 이상 들고요. 그런데도 왜 우리는 교회를 지으려고 하나요?” 이어서 이야기했다.

'건축'하면 사람들이 가장 먼저 떠올리는 것이 있습니다. ‘기능과 형태’ 즉 눈에 보이는 것이죠. 하지만 보이는 건 건축의 본질이 아닙니다. 건축의 본질은 눈에 보이지 않는 ‘우리의 삶’입니다.

예컨대 사람들은 ‘의상디자인’하면 옷의 디테일, 실루엣 컬러 등을 고민해야 한다고 생각하죠. 물론 얼마나 좋은 옷감으로 퀄리티 높게 제작했는지도 중요합니다. 하지만 진짜 디자이너는 '옷을 입는 사람의 삶’을 먼저 생각합니다. 슈트를 짓는다면 올바른 격식과 예절을 함께 이야기할 것이고, 드레스를 짓는다면 신부에게 맞는 바른 몸가짐과 태도를 먼저 이야기하는 것이죠.

좋은 옷을 짓는다면 그 옷의 격식에 맞는 행동과 예절이 있는 법입니다. 마찬가지로 좋은 교회를 짓는다면 이 교회의 격에 맞는 행동과 예절이 무엇인지를 먼저 이야기해야 합니다. 즉 ‘종교인은 어떤 삶아야 하는가?’라는 질문이 교회 건축의 본질인 것이죠.”

이어서 이야기했다. “눈에 보이는 디테일, 마감, 거대한 샹들리에, 인테리어도 물론 중요하고 빼놓을 수 없는 요소죠. 난방과 통풍, 소음 문제도 당연히 중요한 문제입니다. 하지만 그에 앞선 본질은 우리 교인이 어떤 삶을 살 것인지에 대한 합의이자 비전을 세우는 일입니다."

기획안에는 기존 선교의 문제점과 해결책이 적혀 있었다. 교회 외관부터, 실내 공간까지 모두 '올바른 종교인은 어떤 삶을 살아야 하는가?'라는 가치가 녹아있었다. 교회 내부의 현실적인 문제를 해결한 것은 기본이었다.

프레젠테이션이 끝나고 "교회 측으로부터 들었던 비용과 함께 연봉을 줄 테니, 설계 프로젝트 매니저가 되어줄 수 있겠느냐"는 제안을 받게 되었다. 건축 실무 경험이라곤 1년간의 생활이 다였지만, 문제해결 능력으로 150억 규모 건축 프로젝트의 PM 자리를 따낼 수 있었다.

Solution Story. 누군가를 위한 이유

그 교회는 왜 나에게 PM 자리를 맡겼을까? 심지어 그 교회 교인도 아닌데 말이다. 진정성이다. 교인들의 삶이 더 나아지기를 바란다는 진심어린 마음이 전해졌기 때문이라고 생각한다. 절대 처음부터 동기가 생긴 게 아니다. '굳이 내가 해야 하는 일인가? 내 교회도 아니고, 나는 이미 교회를 떠난 사람이 아닌가. 그런데 왜 내가 이 일을 해야 하지. 괜히 한다고 했나..' 후회도 많이 했다. 사장님께 던져놓은 말이 있으니 하긴 해야 했다.

그래도 교회를 설계하는데, 교인들이 교회에서 어떻게 지내는지는 살펴보자 싶어서 각 부서 지도자님을 뵙고 다녔다. 그렇게 소개받은 한 가정이 있다. 부모님의 차림은 남루했다. 그렇게 생활이 여유롭지 않아 보였다. 2명의 어린 자식과 함께 식사 자리에 나왔다. 이런저런 이야기를 주고받다가, 그 7살쯤 되어 보이는 아이가 갑자기 주머니에서 꾸깃꾸깃한 지폐 몇 장을 꺼냈다. "우리 교회 지으시는 분이시라면서요? 교회 헌금하려고 모은 돈이에요." 그렇게 4만 6천 원을 내 손에 쥐여줬다. 그 마음이 너무 이뻤다. 남루한 행색을 보고 그리 의미가 크지는 않을 자리라고 생각했던 내 스스로가 정말 부끄러웠다. 감동이 밀려왔고 눈물이 날 것 같았다. "고마워. 나는 이제부터 너 보고 건축하는 거야!"

나는 그날 집으로 돌아가면서 마음먹었다. 이왕 하는 거 미쳐

보자. 모든 공간이 이 본질, 즉 어떻게 교인들의 삶이 더 나아지는지에 대한 해결책으로 설계를 했다. 운동장의 존재는 유초등부 부서의 문제를 해결할 수 있다. 유년부의 예배는 30분 만에 짧게 끝난다. 갈 곳이 없어진 유초등부들은 부모님을 찾아 주변을 돌아다니기 시작한다. 부모님은 아이들을 챙겨야 하기에 예배에 집중을 할 수가 없다. 실제로 부모님 간의 갈등으로 이어지기도 한다. "일부러 피해주려고 하는 것도 아니고, 아이가 어려서 아무래도 교회에 가는 게 부담스러워져요."

문제가 뭘까? 문제를 눈에 보이는 것, 짧은 예배시간이나 부모님 간의 갈등으로 규정한다면 어떻게 될까? 해결책은 유초등부 예배 시간을 늘리는 것이나, 갈등이 일어나는 부모님들의 화해 정도가 될 것이다. 이것은 문제라고 보기보다, 문제의 원인(본질)이 만들어낸 문제의 현상이라고 보는 편이 더 옳다.

우리는 이렇게 질문해야 한다. 왜 부모님들 간의 갈등이 일어났을까?

"그야 아이들이 부모님 예배를 방해하기 때문이지." 그럼 왜 아이들은 부모님 곁에서 울고불고 방해할까? 문제의 본질은 아이들의 불안감이다. 부모님과 떨어져 있는 시간에서 오는 불안감이 문제의 원인이었다. 이 불안을 해소해 줄 수 있는 공간과 환경을 마련해 주는 것이 풀어야 할 문제의 본질인 것이다.

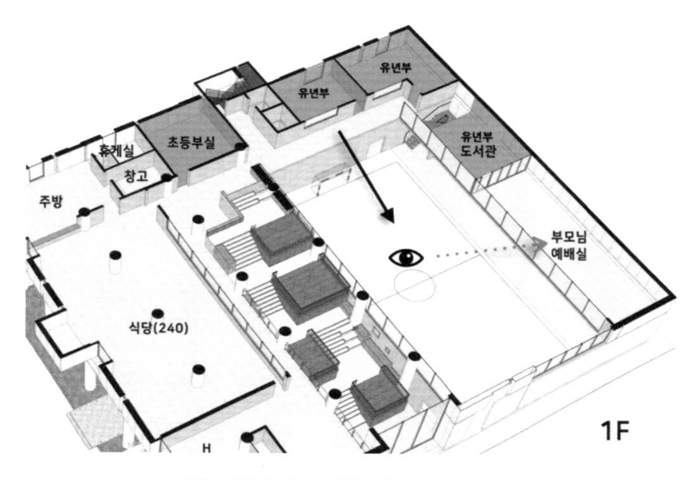

예배가 일찍 끝난 유초등부에게 놀이공간이 생긴다

이 문제를 운동장으로 해결할 수 있었다. 유초등부 공간과 실내 운동장을 이어주는 것이다. 아이들이 예배가 일찍 끝나더라도 놀 공간이 생긴다. 그러면서도 부모님들의 위치를 인식할 수 있게끔 유도한다. 아이들은 부모님이 붙어있지 않더라도 마음 편히 놀 수 있다. 부모님들도 아이들 걱정을 내려놓고 예배를 온전히 드릴 수 있게 된다.

실제 이 안건은 유초등부 부서 부모님의 전적인 지지를 받아 기획안이 통과되는데 큰 지지를 얻게 되었다.

하트사이클이 재미있는 것은 눈에 보이지 않는 본질을 눈에 보이는 해결책으로 만들어준다는 것이다. 문제를 해결하는 것은 거창한 능력이나 지능이 필요한 게 아니다. 문제의 본질을 찾기 위해 끊임없이 질문을 던지는 자, 100% 책임지고자 각오하는 자에게만 보이는 선물이다.

관심이 있으면 질문하게 된다. 그 문제를 미친 듯이 파고들게 된다. 미치면 해결책에 미치게 된다. 사랑하면 미치게 된다. 그리고 그 일은 신나고 재미있는 일일 것이다.

나는 교회 설계를 통해서 누군가에게 도움이 되는 일, 누군가를 위해서 행동하는 것이 얼마나 내 삶에 의미를 주는지를 알게 되었다. 이 책 또한 마찬가지다. 나는 당신을 위해 이 글을 쓰고 있다. 그럴 때 나에게 한없는 기쁨이 몰려온다

.

당신은 누구를 위해 살아가는가?

Full video

● Vision. 모르는 게 힘이다

대학가기 게임에서는 자신이 모르는 분야에 대해서는 감히 입을 떼지 않고, 전문 지식 없이 도출한 의견은 고려할 가치가 없다고 배척한다. 만약 모르는 분야에서 입을 뗐다간 "저 건방진 놈.." 하며 비판을 받게 된다.

눈치를 보다가 나는 "능력이 부족해요.."라고 한탄하곤 한다. "능력이 부족하다고요?" 나는 오히려 잘 되었다고 말씀드린다. 사물에 대해 알지 못한다는 것은 어떤 의미에서 커다란 무기가 될 수 있다. 모른다는 것은 순수한 백지상태에 있다는 것이므로 오히려 자신감을 가져도 된다. 이는 과거의 현상이나 굴레에 얽매이지 않고 생각할 수 있는 절호의 기회다.

축구 사업을 할 때였다. 드론을 구매하기 위해 68만 원을 지불해야 한다는 결제건이 올라왔다. 그 팀원은 사람들을 정말 만족시키기 위해, 드론을 엄청 공부했다고 한다. 때문에 사람들을 촬영해 주기 위해서는 드론이 꼭 필요하다는 주장이었다.

나는 애초 목적을 물었다. "드론을 사야 하는 이유가 뭘까?" 드론을 사야 하는 목적은 선수분들이 자신이 뛰는 모습을 잘 볼 수 있게 하기 위해서였다. 그러면 문제는 드론이 아니다. 필요한 것은 '높은 곳'이다. 나는 드론을 구하기보다는 주변 높은 곳에서 촬영할 수 있는 운동장을 찾는 것에 집중했다. 결과적으로 주변에 빌딩이 있는 운동장을 찾을 수 있었고 스마트폰

한대로 문제를 해결할 수 있었다. 더욱이 드론을 사는 68만 원의 비용, 고용 비용, 배우는 시간 모두를 아끼게 되었다. 5분 만에 문제를 해결한 것이다.

한 분야에서 오래 공부한 사람일수록 그 도구에 생각이 갇히고 만다. 망치를 들고 있으면 다 못으로 보이는 것이다. 그 분야 내에서의 문제를 해결할 때는 도움이 된다. 하지만 새로운 혁신을 이루어 내는 데는 방해가 된다.

경영의 아버지 피터 드러커는 이렇게 말한다. "가치는 제품(혹은 서비스)의 관점이 아니라, 고객의 마인드로부터 설정돼야 한다. 고객은 무엇을 해결하고 싶은가?"

10년 뒤 진로를 생각해 보자. 당신이 수십수백억을 번 부자가 되어있거나, 혹은 지금과 비슷한 소득 수준을 유지하거나 둘 중 하나를 꿈꿔볼 수 있다. 전자는 사람들 수백수천 명이 자발적으로 당신 주머니에 돈을 넣어주고 있다. 후자는 당신이 하루에 8시간 이상씩 시간을 들여가며 직접 일하며 근로소득을 얻는다.

그게 어떤 의미일까? 전자는 당신이 제공하는 가치가 자동적으로 사람들의 삶을 더 나아지게 만들고 있다는 이야기이며, 그 상품, 서비스가 어떻게 사람들의 삶을 더 나아지게 만드는지 지속적으로 알려왔다는 이야기와 같다. 후자는 누군가가 시킨 일을 최선을 다해 열심히 반박하지 않고 해왔다는 의미이다.

당신은 영향력을 갖추어야 한다. 영향력을 끼치려면 사람들 머릿속에 더 나은 삶의 방향성을 제시해 줄 수 있어야 하고, 그 비전을 사람들에게 설득할 수 있어야 한다. '문제해결능력'과 '설득력'. 당신이 가장 갖추어야 할 능력이다.

능력이 없다는 것은 오히려 이 본질에 집중할 수 있는 절호의 기회다. 본질은 기술 자체가 아니라, 기술을 활용하여 더 나은 미래를 상상할 수 있는 문제해결능력이기 때문이다.

문제해결능력은 구체적인 기술을 초월한다. 지금의 실력과 아무런 관계가 없다. 사고를 통해 문제의 본질을 꿰뚫어보고, 전에 없던 해결책을 창조해 낸다.

능력이 부족하다는 생각은 내가 뭔가 있어야지 사랑을 줄 수 있다는 사고다. 하지만 현실은 정 반대다. 주고자 하는 마음이 있다면, 문제해결 능력을 갖추어 얼마든지 해결책은 찾아낼 수 있다.

대체되지 않는 능력은 타인의 마음을 이해하고 해결하는, 문제해결력이다. 3권 〈인생의 킹핀 : 하트사이클 7단계 전략〉에서 구체적으로 다룰 것이다.

6 Pin.

의미

마조히스트 마인드

6 Pin. 의미

마조히스트 마인드

대학가기 게임의 세뇌 : 의미가 밥먹여 주지 않는다. 일단 눈에 보이는 대학, 취업, 결혼부터 생각해라.

킹핀 라이프 스타일 : '마조히스트 마인드'를 갖춘다. 세상은 매 순간 기쁨으로 가득차 있다.

매일 아침 유튜브를 켜고, 2, 3시간 동안 숏츠를 넘긴다. 인스타를 뒤적거리면서 남들이 행복한 시간을 보내는 사진, 나보다 앞서나가는 사람들의 성과를 보면서 비교한다.

어느 순간 무기력에 빠져든다. 내 삶은 의미 없고, 가치 없는 것 처럼 느껴진다. 겨우 노트북을 펼치고 해야 할 일들을 확인한다. 아무것도 하기 싫다. 다시 침대에 눕는다. 그 불편한 기분. 아무것도 긍정하고 싶지 않아지는 그 기분.. 그 기분을 잊고 싶어 다시 쾌락의 굴레에 빠져들고, 점점 더 나 자신이 싫어진다. 20대 초반 시궁창 같은 내 생활이었다.

혹시 당신도 나와 같은 상황에 빠져있다면 이 글은 당신의 것이다. 무기력에서 영원히 벗어나는 특효약을 공유할 것이다.

그 첫걸음은, 내 삶에서 굳이 하기는 싫은 **일을 책임지고 해결해 내는 것이다. '이걸 내가 할 수 있을까?' 같은 생각이 드는 '바로 그 일' 말이다.**

"뭐야? 이건 기쁘긴커녕 고통스러운 거 아닌가요?"라는 생각이 들 수 있다.

맞다. 하지만 당신 삶의 의미는 바로 거기에서 생긴다.

● Problem. 가장 큰 고통은 책임을 피하는 것

송재형 작가는 평탄하고 유복한 가정환경에서 사랑을 듬뿍 받고 자란 28살 청년이다. 신앙심도 깊고, 뭔가 한번 해보겠다 하는 열정이 커서 파이어볼이라고 부른다.

부산 대학교를 나왔다. 하지만 "취업이 아니라 나만의 일을 찾아 사업가가 되겠다"라고 하면서 〈학교를 세운다〉에 찾아왔다. 사업을 시작한 지 1년이 넘도록 뭔가 실질적으로 손에 잡히는 성과가 없어서 허탈감을 느끼고 있었다. 송 작가는 말했다.

“이것저것 하면서 나름 열심히 살았는데 아무것도 이룬 것도 없고.. 남는 게 없네요. 너무 무기력해지는데 어떻게 해야 할까요?”

2시간에 걸친 면담 끝에 우리는 문제의 원인을 찾을 수 있었다. 방법을 모르는 것은 문제가 아니었다. 이미 10개월이 넘는 기간 동안 방법은 넘치도록 배웠다. 근본적인 원인은 '유복한 가정환경에서 응석받이로 자라온 것’이었다.

송 작가는 평생 원하는 것이 있다면 대부분 큰 노력 없이 얻을 수 있었다. 큰 노력과 결심을 하지 않아도 부모님을 통해 일이 처리되어 왔다. 나서서 미래를 선택할 필요도 없었다. 수능, 대학, 신앙 등. 정해진 기준들을 따라 살아가면 되었다.

“사업을 하고 싶다!”라고 말하긴 했지만. 속 마음은 지금 상황이 충분히 만족스러웠다. 부모님 손을 벗어나서 굳이 큰 사업을 벌이는 책임을 짊어질 이유가 없었던 것이다.

나는 송 작가의 무기력을 위로해 줄 수 있었다. 하지만 우리는 대화를 통해 알고 있었다. 무기력이 찾아온 본질적인 이유는 '책임을 회피하는 데서 오는 것'이라는 것을.

지금부터 거창한 계획 같은 거 생각하지 말고 부모님에게 받는 용돈부터 끊으라고 말해주었다. 너무 심하게 말했나 싶었다. 약 4달간 사무실에 코빼기도 보이지 않았다.

몇 달이 지나고 문득 연락이 왔다. 어떻게 지냈느냐고 물어봤다. 집에서 출가해서 작은 원룸 방을 잡았고 용돈도 끊었다고 했다. 잠도 9~10시간씩 푹 자던 것을 계획적으로 살기 시작했고, 생활 습관을 바로잡기 위해 시간관리, 일정관리, 생산성에 관한 책들을 5~ 60권 이상 독파하고 실천했다고 했다.

그러더니 송 작가는 한 달만 사무실 공간에서 공부해도 괜찮겠냐고 물어왔다. 나는 그러라고 했다. 뭐 하는가 지켜봤더니 팀원들이 뭘 하는 고 어떤 일을 하는지 여기저기 묻고 다니고 있었다.

3주쯤 지났을까. 송 작가는 나에게 면담을 요청했다. 기획사 목적과 목표, 팀원들의 동기, 팀원들 각자 매일의 일과 관리를 일목요연하게 정리하고, 체계적으로 관리할 수 있는 시스템을 도입하자는 제안이었다.

따져보니 이 시스템을 도입하면 정량적으로 아낄 수 있는 자원만 해도 시간 상 3년, 돈으로 치환하면 5억 이상의 가치였다.

시키지도 않은 일을 굳이 왜 했느냐고 물었다.

송 작가는 말했다. “주인의식이에요. ‘나로 인해서 기획사의 성과 달성이 걸려있다.’라고 생각해버리니까 내가 조금이라도 도움을 줄 수 있을 것을 자발적으로 찾게 되었어요” 더 이상 예전의 송 작가가 아니었다. 지난번 쓴소리를 듣고, 집으로 돌아가서 일주일 동안 괴로웠다고 했다. “저는 나이만 먹은 어린애였어요. 아무것도 책임지고 해결하지 못한다는 사실이 충격적이더라고요.” 그리고 이런 깨달음을 얻었다고 했다.

“어차피 삶은 고통이다. 피하려고 해봤자 더 큰 고통으로 돌아올 뿐이다. 그러니 피하기보다 오히려 내가 상상도 못할 가장 큰 고통을 받아들이고, 책임지고 해결해 내면 어떻게 될까? 모두가 나를 찾게 될 것이다. 어디 가서든 환영 받게 될 것이다. 왜냐. 99%의 사람들은 굳이 겪을 필요가 없는 고통을 굳이 나서서 책임지겠다고 생각하지는 않기 때문이다.”

송 작가는 삶의 가장 근원적인 진실을 깨달았다. 대부분의 사람들은 어디서 의미를 찾을까? 내가 즐길 쾌락, 내가 무언가를 얻는 것, 나의 인정과 명예를 취하는 것 등. 내가 얻게 될 무언가에 의미가 있다고 생각한다. 하지만 현실은 정 반대다. 삶의 의미는 ‘가장 무거운 책임을 짊어지고 해결해 내는데’ 있다. 다시 말해 **삶의 의미란 가장 피하고 싶은 삶의 문제를 스스로 나서서 해결하는 데 있다는 것이다.**

이는 삶의 2가지 근원적인 진실과 맞닿아 있다. 첫 번째는 삶은 어차피 고통이라는 것이다. 삶의 고통은 너무 힘들어서 당신을 죽일지도 모른다. 매 순간마다 한 걸음도 나아가고 싶지 않을 만큼 고통스러울 것이다.

하지만 또 하나의 진실은 이렇다. 고통은 막상 마주하고 받아들여 버리면 사실 그렇게 고통스럽진 않다는 것이다. 가장 힘든 것은 그 고통을 마주하겠다고 선택하기 까지다. 사람들은 여기에서 가장 많이 무너진다. 힘들 거 같다고 지레짐작하고 시작조차 하지 않게 된다.

나는 이 두 가지 진실을 보며 나와 내 동료들의 삶을 180도 바꾼 아이디어를 떠올릴 수 있었다.

일명 '마조히스트 마인드'다.

Solution. 마조히스트 마인드

마조히스트는 고통을 느끼는 데서 쾌락을 느끼는 사람을 뜻한다. 마조히스트 마인드란 고통을 받아들이고 즐기는 법을 배우는 것이다. 마조히스트 마인드는 인생의 고통을 기쁨과 즐거움으로, 나아가 인생의 의미로 승화시킨다.

핵심은 책임이다. 책임을 진다는 것은 '고통스러운 현실에 어떻게 반응할 것인지 스스로 선택하는 것'이다. 대부분의 사람들은 어떻게든 고통을 피하려고 발버둥을 친다. 하지만 마조히스트는 아니다. 마조히스트는 가장 고통스러운 '바로 그것'

을 선택하고 오히려 즐겨버린다.

송 작가 어떻게 했을까? 송 작가는 고통을 피하기 보다 오히려 고통을 성장으로 바꾸는 마조히스트 마인드를 떠올렸다. 우선 본인이 게으르고 성과가 나지 않게 된 이유부터 눈 부릅뜨고 살펴봤다. 그리고 부모님께 받는 안락함에 더 이상 숨지 않기로 각오했다. 그리고 그 각오를 책임지고 실행에 옮겼다. 용돈을 끊고 출가를 했다. 자신의 삶을 스스로 책임지고 챙길 수 있는 환경을 만들었다. 하루를 충실히 살기 위해 공부도 병행했다. 나아가 그 지식을 활용해서 조직이 어떻게 하면 더 활성화될 수 있을지에 대한 안을 제안한 것이다.

나는 주말마다 성공한 멘토님들을 직접 찾아뵙고 질의를 한다. 매나테크 세계 4위 사업가이자, 직급자인 T&G그룹 신정민 멘토님을 뵙고 그의 성공 비밀에 대해 여쭌 적이 있다. 멘토님이 자리에서 일어나기 전까지는 몰랐다. 그는 어린 시절 소아마비로 인해 선천적으로 다리를 사용하지 못하셨다. 그런데 어떻게 세계적인 사업가가 되었을까?

그는 자신에게 벌어진 사실을 원망으로 받아들이지 않았다. 오히려 성공해야 할 이유로, 감사의 이유로 받아들였다. "성장, 퇴보는 한 끗 차이야. 그 고통을 어떻게 받아들일지는 바로 나에게 달렸어. 세상은 너를 죽일 것이다. 사실 지금 20대에 겪는 고통은 3, 40대에 겪을 고통에 비하면 아무것도 아니다. 그리고 그건 성장으로 돌아올 거야."

지금까지 만난 멘토님들이 신기하게도 일관되게 답변해 주신 질문과 답이 있다. 나는 항상 궁금했다. "돈도 월에 수 억이 들어오고, 사업 성취도, 인간관계도 다 해결된 부자신데 아직 왜 일을 하시나요? 저 같으면 일 안 할 것 같은데요.."

멘토님들은 이렇게 답해주셨다. "사람들을 도울 수 있기 때문이다. 내가 하는 일로 인해서 사람들이 기쁨을 느끼고, 그들의 삶이 더 나아진다는 것을 본다. 그럴 때면 형용할 수 없을 만큼 벅찬 동기부여를 얻는다."
마조히스트 마인드였다. 더 큰 책임에, 그 책임을 자발적으로 마주하고 해결해 나가는데 삶의 의미가 있다는 가르침이었다.

마조히스트 마인드는 의미를 선택한다. 고통을 성장으로, 삶의 의미로 바꾼다. 나아가 마조히스트에게 고통은 축복이다! 에크하르트 톨레, 바이런 케이티, 조셉 베너 등. 한국에 영성 지식을 전하는 번역가이자 영성가인 유영일 선생님은 이런 가르침을 주셨다.

"삶은 풀려나감의 법칙에 따릅니다. 고통이 오는 것은 신이 그로 인해 당신에게 무언가를 알려주기 위한 것입니다. 고통을 축복으로 받아들이면 삶은 자연스럽게 풀려나가게 되어있습니다."

● Solution Story. 모든 문제는 기회다

나동주 작가는 동네 무서운 어깨 형님 출신이다. 기존의 틀로 보았을 때는 학벌도 뭐도 아무것도 내세울 것이 없는 인물이다. 수능 9등급의 둔재에, 타고난 능력이 있는 것도 아닌 보통사람이다.

하지만 '날 것' 그 자체의 모습이 참 매력적인 인간 군상이다. 동주 작가는 사람들이 가장 하기 싫어하는 일을 "뭐 그까이꺼" 하면서, 책임지고 해결해 낸다. 이 마인드 하나로 24이라는 어린 나이에 창업을 시작했다. 아이템은 아무도 하지 않으려고 하지 않는 청소다. 현재 부울경 대표 청소업체가 된 '쿨크린'이다. 시작할 때 딱 하나의 마인드였다. 어릴 때부터 더러운 놈들 모조리 닦아 버리는 거 하나는 자신 있었다는 것이다.

항상 먼지를 뒤집어쓰고, 바퀴벌레, 구더기 같은 더러운 꼴을 본다. 주변에서는 뭐 그런 일을 하느냐고 비아냥대는 시선도 있다. 하지만 책임지고 모조리 닦아 버릴 때 그는 살아있음을 느끼고, 희열을 느낀다고 말한다. 고객들도 그 열정을 아는지, 과장 조금 보태서 5분에 한 번씩 문의 전화가 온다.

28이 된 지금은 책임지고 사람들의 집과 업장, 공장 등을 모조리 닦아 주면서 월 2000만 원의 이익을 올린다. 그가 월급을 주는 직원이 총 5명이다. 딸린 가족을 포함하면 15명 이상의 생계를 책임지고 있는 것이다. 유튜브 구독자는 그의 매력 덕분인지 4만 3천이 넘는다. 또한 본인의 철학으로 책을 집필하면서 인생의 즐거움을 만끽하고 있다. 작년 봄에는 이쁜 여자친구와 결혼식을 올렸다.

나동주 대표는 외적으로 보기에는 아무런 능력도, 내세울 것도 없다. 누군가에겐 열등감을 불러일으키는 상황 그 자체다. 하지만 나동주는 그런 외적인 조건으로 스스로를 비교하고 조건을 따지지 않는다. 그보다는 자신이 만난 일을 책임지고 수행해냈고 사람들을 돕는 데 집중했다. 누가 시킨 일을 하고 있는 게 아니다. 나동주 작가는 마조히스트다.

내가 존경하는 작가님이 계신다. 첫 만남에 수줍은 표정으로 자신을 이렇게 소개했다. '저는 승우 아버지입니다.' 당연한 말이 왜 그렇게 감동적으로 다가왔을까. 힘들고 어려운 상황들 경제 상황. 지켜야 할 아내와 아이. 하지만 그 힘듦 속에서도 굴복하지 않는 것은 승우라는 존재 이유가 있기 때문이다. 사랑하는 나의 아들 승우를 지키기 위해. 그것 말고 이유는 없는 것이다. 책임감이었다.

'승우 아버지.' 이보다 심플하게 자신이 살아나가야 할 이유를 설명할 수 있을까? 김남석 작가님은 마조히스트다.

자식이 선천적으로 장애가 있다. 그 아이를 위해 대학 학위를 땄다. 그녀는 자신이 쌓은 지식을 다른 사람들에게 도움이 되는 방향으로 활용한다. 의미를 다르게 생각하지 않았다면 그녀의 삶은 고통 그 자체일 것이다. 하지만 그녀는 상황을 누군가에게 도움이 될 수 있는 방향으로 다르게 생각한다.

그녀가 지나가는 말로 해 주었던 이야기가 있다. "세상에 이유가 없는 것은 없죠. 장애 아이가 태어났다면, 사실 그 부모에게 더 큰 깨달음을 얻게 하려는 것 일 수 있어요." 자신의 삶을 장애 아동을 둔 부모님 간의 연대로, 자신의 삶을 그들과 함께 고통을 이겨나가는 것을 대표하는 존재로 바꾸었다. 명주 작가님은 마조히스트다.

● So far. 사랑은 책임의 범위를 넓혀나가는 것

삶의 의미는 책임에 있다. 현시대의 대표적인 지성 조던 피터슨은 "어떤 인생을 살아야 잘 살았다고 할 수 있는가"라는 질문에 이렇게 답해 주었다. "한마디로 요약하자면 이렇게 말할 수 있겠네요. '만일 이 세상의 문제들, 즉 자신과 가족을 비롯해 사회의 여러 문제를 해결하기 위해 기꺼이 시간을 할애하고 있다면, 그 사람은 괜찮은 인생을 살고 있는 것이다.'라고요."

송재형, 나동주, 김남석. 송명주 작가는 마조히스트 마인드를 통해 자신의 삶을 의미 있고 가치 있는 존재로 만들었다. 스스로에게 그리고 자신이 속한 공동체에 말이다. 그들의 삶을 들여다보며 나는 감동을 받는다. 나의 삶 또한 지금은 부족하더라도 차근차근 개선되어 나갈 수 있는 사실을 깨닫게 되기 때문이다.

그 시작은 마조히스트 마인드를 갖추는 것이다. 내 삶에서 굳이 하기는 싫은 **일을 책임지고 해결해 내는 것이다. '이걸 내가 할 수 있을까?' 같은 생각이 드는 '바로 그 일' 말이다.** 결혼이라고 생각하면 도움이 된다. 피터슨 교수는 결혼을 '자발적 구속'이라고 표현했다. 꼴 보기 싫은 아내를 떠날 수 있는 선택지는 없다는 것이다. 고통 속에서 허우적거리면서 지옥에서 살거나 아니면 내가 100% 책임지고 이 사람을 기쁘게 해주겠다고 생각하거나 둘 중 하나다. 아내는 변하지 않는다. 지옥과 천국은 고통의 의미를 어디에 두는지에 따라 결정된다.

어떻게 시작할 수 있을까? 피터슨 교수는 이렇게 답한다. "스스로에 대해 알고 싶다면 방안에 앉아서 물어보아라. 내가 잘 못하고 있는 단 한 가지가 뭘까? 나 스스로가 잘못됐다는 것을 알고, 스스로 고칠 수 있고, 스스로 고칠 것은 무엇인가? 명상하면서 생각하면 답을 얻을 것이다. 당신이 원하는 대답은 아닐 것이다. 하지만 필요한 답일 것이다." 삶의 의미는 역설적이게도 더 큰 책임을 짊어질수록, 더 큰 고통을 극복해 낼 수록 풍부해진다.

송 작가는 하루하루 열정에 취해 일을 한다. 자신이 이 조직에 왜 존재해야 하는지를 스스로 쓰고, 미친 목표를 책임지고 달성해 나가고 있다. 누가 시키지 않아도 그렇게 한다. 거기에 진짜 의미가 있음을 경험으로 체득했기 때문이다. 지금 송 작가는 〈학교를 세운다〉 CEO 자리에 앉아 있다. 송 작가가 만든 시스템을 통해 생긴 문화가 있다. 분기말 마다 성과 발표회를 열고, 팀 원 전체가 자신의 성과를 자랑스럽게 발표하고 서로 격려해주는 것이다. 서로가 얼마나 가치 있고 훌륭한 존재인지 도닥여주는 조직 문화를 만든 것이다.

송 작가는 현재 이 시스템을 전국적으로 확장시키고자 하는 목표를 세워 놓았다. 솔직히 앞으로 미래가 무섭다는 생각이 든다. 송 작가는 어떠한 시련이 다가와도 마조히스트 마인드로 책임지고 달성해 낼 것이기 때문이다.

사랑은 책임의 범위를 넓혀나가는 것이다.

심화) 죽음이 남기고 간 기쁨

얼마 전 내 사랑하는 친구 하나가 스스로 목숨을 끊었다. 겉으로 보기에는 아무런 문제가 없어 보였다. 항상 밝게 웃으며 성공한 음악가 활동을 했다. 몇 번이고 신호를 주었는데, 멍청하게도 나는 그걸 알아채지 못했다.

장례식장에서 모두가 의아해했다. 왜 죽었는가? 남겨진 빚. 카드 돌려 막기. 힘들어진 생활고로 죽음을 택했을 것이라고 유추했다. 눈에 보이는 상황이나, 환경 때문에 돈이라도 잘 벌었으면 살아있었을 것이라고.

왜 죽어버렸을까? 본질적인 이유는 본인 삶의 의미를 잃어버렸기 때문이다. 유대인 수용소에서 참혹한 생존 기록을 다룬 빅토르 프랭클은 〈죽음의 수용소에서〉에서 말했다. "왜 살아야 하는지 이유를 아는 사람은 어떤 어려움도 참고 견딘다." 친구는 그렇지 않았다. 계속된 실패, 미래에 대한 불안과 공포. 고통스러운 삶의 현실을 굳이 견디며 살아가야 할 만한 이유가 없었을 것이다.

그의 이름은 모두에게 슬픔과 상처, 고립, 상실의 기억으로 남아있었다. 실은 그의 삶이 큰 기쁨을 알려주기 위함이었다는 것을 알기 전까지는, 그때까지는 말이다.

● Problem. 의미를 잃은 시대

나는 〈학교를 세운다〉를 통해 사람들이 동기를 찾고, 자신만의 일을 하며 살수 있도록 기획하는 일을 한다. 작년에도 112명 성인들의 글을 읽고 분석하고 면담했다. 그중 87명의 사람들은 "내가 뭐에 의미를 두고 살아야 하는가?"라는 질문에 대해 혼란을 느끼고 있었다.

"요즘은 놀아도 재미없고, 쉬어도 쉬는 것 같지가 않고, Flex 해도 허무해요. 그렇다고 일이나 연애에 몰두해 봐도. 이게 맞나? 잘하고 있나? 하는 생각은 여전해요."

37살 남성분과 깊게 대화한 적이 있다. "뭐부터 잘못됐는지 모르겠어요. 10년이 넘도록 직장 생활에 몰두했어요. 그런데 지금 아내와 관계도 안 좋고, 그렇다고 아이들 키워야 하기에 직장을 그만두지도 못해요. 뭐 그냥 하는 거죠.."

보편적인 고민이었다. 사람들은 내가 사회에 존재해야 하는 이유, 쓸모 있는 존재라는 확신을 어디서 얻어야 할지 고민하고 있었다. 그러다 보면 내면에는 무기력함, 공허함이 찾아들게 된다.

개인이 삶의 의미를 모르는 것은, 당장 세상 멸망할 것처럼 반응했던 코로나(사망률 0.02%) 보다 10만 배는 심각하다. 2021년 사망자 통계를 보면, 20대 사망 원인의 54%가 자살이다. 사망자 10명 중 5~6명은 스스로 죽어버리는 것이다. 이유가 뭘까? 바로 살아야 할 의미를 찾지 못해서다. 우리는 "마스크 끼세요"라고 이야기는 해도, "왜 사세요? 삶의 의미가 뭐예요?"라는 질문은 하지 않는다.

친구가 죽기 전까지는 나도 마찬가지였다. 모순적이게도 삶의 찾아주는 일을 해 왔던 나도 말이다.

Solution clue. 죽음의 자각 = 사랑의 시작

장례식장에 앉아있으니 생각이 몰려왔다. 친구가 그렇게 열심히 아등바등 살아왔던 것이 생각났다. 참 덧없었다. 그가 가꿨던 몸, 그가 느끼던 감정, 그와 나눴던 생각, 누군가와의 관계. 그가 낸 성취, 돈벌이, 사람들로부터 받았던 인정. 모든 것이 덧없었다. 허무했다. "죽으면 끝인데? 굳이 그렇게 했어야 되나? 진짜 덧없다. 돈이라도 벌자."

부자들을 찾아다니는 일이 직업이다 보니, 괜찮은 투자처에 동참하게 되었다. 몇억이 되는 돈을 한순간에 쥐게 되었다. 일해야 할 이유와 동기가 완전히 무너져 내렸다. 그때부터 어디서도 의미를 찾을 수 없었다. 허무주의에 빠져버린 체 그렇게 시간이 흘러가고 있었다.

며칠이 지나고 아침에 일어나 문득 거울을 봤다. 찌푸려진 미간. 당장이라도 싸움을 걸 것만 같은 눈빛. 나 자신이 불쌍해 보였다. 펑펑 눈물이 났다. 겉잡을 수없이 나 자신에게 미안한 마음이 들었다.

그러자 이해할 수 없는 일이 생기게 되었다. 정말로 죽는다고 생각하니까. 내일 정말로 죽을 수도 있다는 것을 자각하고 나니까, 마음이 완전히 가벼워졌다. 양파 껍질처럼 감싸고 있던 압박감도 사라지기 시작했다. 내 마음이 개운해지고 행복해지기 시작했다.

"아 나는 지금까지 행복을 느끼지 않고 있었구나. 미래의 성공을 위해, 지금의 고통은 아무것도 아니라는 듯이, 지금 이 순간은 아무런 의미가 없는 것처럼 살아왔구나."

모순된 생각에 부끄러워졌다. 누군가 삶의 의미를 찾아준다고 하면서 나부터 부정적인 프레임. 두려움, 걱정, 죄책감, 허영심, 분노, 선망, 탐욕, 험담, 위선, 증오, 수치심, 질투, 자기중심성. 판단. 결핍. 어차피 죽으면 덧없을 것들에 너무나도 많은 투자를 하고 있었다는 사실을 알게 되었다.

나는 거울 속에 나를 내 스스로 완전히 인정해 준 적이 없었다. 항상 무언가를 달성해 내야 하고, 이루어야만 하는 그 강박 속에 스스로 가두고 살아갔다. 나를 사랑하기 위해서는 조건이 필요했던 것이다. 너무나 많은 조건이었다.

사람들을 대할 때도 항상 이유가 있었다. 이 사람은 이렇기 때문에 내 사람이고, 이 사람은 저렇기 때문에 싫고, 연애를 할 때도 사람들을 만날 때도 항상 가르고 분별하고 이유를 찾고 명분을 따지려고 들었다. 내가 사랑할 수 있는 사람과 없는 사람을 이리저리 나누고 경계를 세우려 했다.

이 또한 죽음 앞에서는 아무것도 아니었다. 그 감정을 내려놓았다. 그러고 나니 처음으로 내 스스로를 사랑해 주게 되었다. 그 사랑에는 이유가 없다. 사랑하기 때문 그 자체가 원인인데 또 다른 이유가 없다. 문제는 그 사랑을 내가 이해할 수 없다는 이유로, 내 안의 사랑의 마음을 인정하지 않았던 것이다.

죽음 앞에서 마주한 사랑은 실체적이었다. 그 평온하면서도 벅차는 마음, 아니 그보다 더 평화로운 마음의 느낌이었다. 너무 웅장하고 커서, 그 마음이 내 안에 있다는 것 자체도 버거울 정도로 느껴졌다. 압도될 것 같은 느낌. 솔직하게 말하자면 거기에 나를 내던지는게 무서웠다.

무언가 선악을 가르고 분별하고, 기준을 세우는 마음을 넘어선 경험이었다. 그 경험이 있은 이후로 내면에 무언가 각인이 생긴 것 같다는 느낌을 받았다. 그 느낌은 너무 현실적이어서, 이제 그 느낌에 계속 다가가는 것 말고는 물질적인 것은 저에게 그리 큰 흥미가 되지 않을 정도였다. 지금도 계속 그 마음에 다가가고 싶고, 더 알고 싶다는 생각이 저를 계속 이끈다. 그 생각에 머무를 때 너무나 평온하고 따듯한 느낌. 친절, 사랑, 감사, 평화, 연결감, 용서, 활기, 풍요. 행복은 내 존재 상태가 된다.

뭘까 도대체 이 경험은.. 궁금했다. 그러다 그 순간. 내 경험이

위대한 전통 종교들의 가르침과 일치한다는 통찰이 찾아왔다.

● Solution. 뭐시 그렇게 중한가!

우리는 '내가 경험하는 감각, 느낌, 생각, 정체성' 같은 것과 나 자신을 동일시한다. 과거 나와 같이 어차피 내일 죽으면 덧없을 것들을 부여잡고 산다. 하지만 부여잡고 있던 것을 내려놓으면, 그 틈으로 사랑이 밀려들어온다.

이는 전통 종교와 현대 과학의 공통된 가르침이다. 그들이 이야기하는 우리의 진짜 모습은 '관찰자'다. 감정과 생각이 아닌, 그것을 바라보는 나. 불교에서는 이를 색을 넘어선 '공'이라고 표현한다. 불심과 자비, 진아라고 하기도 한다. 그리스도교에서는 육신을 넘어선 그리스도 의식, 성령이라고 표현한다. 현대 과학으로 표현하면, 물질적 세상을 넘어선 무한한 가능성을 품은 '양자 에너지'이다.

동서양의 모든 영성, 과학과 종교의 통합을 이야기하는 켄 윌버는 이렇게 표현한다. "당신은 '그러함'이다." 윌버는 명저 〈무경계〉에서 이렇게 이야기한다.

"나는 감각이 있지만, 내가 그 감각은 아니며
나는 느낌이 있지만, 내가 그 느낌은 아니며
나는 생각이 있지만, 내가 그 생각은 아니다.

나는 이 모든 것에서 철저히 자유롭고,

일어나는 모든 것을 흔들림도, 한계도, 제약도 없이

순수하게 주시하면서

본래의 내 존재 (I AM-ness, 그러함)로 머문다."

이 책의 '사랑'이 뜻하는 바도 그들과 같다. 우리는 감각, 감정, 느낌, 생각을 넘어선 사랑이다.

이 진실을 경험하고 나서 생긴 만트라가 있다. 어떤 갈등과 고통이 오더라도 "뭐시 그리 중한가?" 하고 그냥 넘어가는 마음의 여유가 생긴 것이다.

나는 가장 큰 꿈을 함께 꾸었던 동료를 저버렸었다. 내가 가장 싫어하는 태도를 가지고 있다는 이유로 단정 짓고 상처 주는 말을 내뱉었다. 그리고 다른 지역에 보이지 않는 곳으로 그를 보냈다. 내 판단이 옳다고 생각했고, 그는 더 배워야 할 부족한 사람이라고 생각했다. 어느 날 친구의 죽음이 바로 눈앞에서 일어났다. 그 동료가 떠올랐다. '난 뭘 위해 그렇게 행동했던 것일까? 내가 가진 생각 느낌 감정은 어차피 덧없이 사라질 것이다. 내가 벌 돈, 지위, 명예, 욕망하는 것들. 그런 게 뭐가 그렇게 중요하다고 꿈을 함께 꾼 사람과의 관계를 저버린 것일까?'

"뭐시 그리 중한디? 어차피 죽어없어질 것." 나는 진심으로 사과를 구했다. 알량한 자존심을 내려놨다. 사랑을 이야기하면서 분열되고, 나누고 판단하는 내 모순된 모습을 반성하고 솔직하게 용서를 구했다. 어쩌면 그의 상처는 너무나 깊어서 용서받지 못할지도 몰랐다. 하지만 그날 저녁, 그는 정말 감사하게도 나를 용서해 주었다. 덧없는 것을 내려놓자 사랑이 실체가 되어 삶으로 밀려들어왔다.

붓다는 이야기한다. "고통이 너를 붙잡고 있는 것이 아니라, 네가 고통을 붙잡고 있는 것이다." 매여살지 마시라. 다 내려놓고 행복을 누리기에도 삶은 짧다. "뭐시 그리 중한가?!" 붓다가 말하는 번뇌의 근원은 고통이나 슬픔에 있지 않다. 심지어 덧없음에 있는 것도 아니다. 번뇌의 진정한 근원은 순간적인 감정을 무의미하게 끝없이 추구하는 데 있다. 사람들이 번뇌에서 벗어나는 길은 이런저런 덧없는 즐거움을 느끼는 것이 아니다. 이 모든 감정이 영원하지 않다는 속성을 이해하고 갈망을 멈추는 데 있다. 이것이 불교 수행의 목표다.

디팩 초프라는 〈성공을 부르는 일곱 가지 영적 법칙〉에서 이렇게 이야기한다. "자신의 몸과 마음을 깊이 관찰하여모든 감정이 끊임없이 일어나고 사라지는 것을 목격하며, 그런 감정을 추구하는 것의 덧없음을 깨닫는 것이다. 그런 추구를 중단하면, 마음은 풍요로워지고 느긋하고 밝고 만족스러워진다."

진실 차원에서는 꼭 그래야 하는 것도, 그러지 말아야 하는 것도 없다. 단지 내 인식과 감정 생각이 반응할 뿐이다. 마음속에 갈등이 생긴다면 내가 동일시했던 감정을 내려놓자. 그리고 내 의식을 모든 것과 연결된 사랑의 마음으로 옮기자. 그러면

친절, 사랑, 감사, 평화, 연 경감, 용서, 활기, 풍요 등. 이미 풍요가 내 안에 존재한다는 사실을 깨닫게 될 것이다.

우리는 이미 풍요롭다. 이유 없이 받고 있는 사랑의 수혜자다. 케서린 폰더는 〈부의 법칙〉에서 이렇게 이야기한다." 이미 하나님은 우리가 부유하고 풍요롭기를 원하신다. 우리의 마음이 거부할 뿐, 하나님은 항상 주시기를 원하신다."

내가 마음에 두고 있었던 것은 동료를 판단하는 마음이었다. 그것은 사랑도, 품위도, 나도 아니다. 하나님이 주시고자 하는 것은 그를 뛰어넘는 평화의 마음이었을 것이다. 죽음은 나에게 깨달음을 가져다주었다.

당신도 감정이 격해질 때는 외쳐보시라.

"뭐시 그리 중한가?"

Conclusion. 죽음이 남기고 간 기쁨

죽음은 역설적으로 살아있어야 하는 의미를 가져다준다. 내일 당장 죽는다는 것을 완전히 자각한다면. 삶은 더없는 기쁨이 된다. 마음에 갈등이 생길 때 기쁨으로 바꾸는 루틴을 공유하고자 한다.

1. 삶이 고통스럽고 지옥 같을 때가 있다. 그때마다 나는 친구의 이름을 떠올린다. 그의 죽음이 가져다준 의미를 생각하게

된다. "뭐시 중한가?" 차분하게 마음의 갈등을 인식한다. 그러면 나는 눈을 감고 신성을 받아들이려고, 아니 내 안에 있는 그 신성을 자각하려고 한다.

2. 처음에는 내 자체로 조건 지어지지 않은 나 자신을 무한한 존재에게 내어 맡긴다는 것, 나아가 내가 사랑 그 자체라는 사실을 자각하는데 두려움이 올라올 수 있다.그 감정마저 놓아버린다. 그러면 내 마음에 평화와 감사, 기쁨이 스며든다. 친절, 사랑, 감사, 평화, 연결감, 용서, 활기, 풍요의 느낌에 머무른다. 이내 평온은 내 존재 상태가 된다.

3. 마음이 가라앉으면, 천천히 내가 존재하는 이유를 떠올린다. "내가 존재하는 이유는 모두가 사랑하는 삶을 살도록 이끌어 내는 것이다. 사람들에게 존재 이유를 찾을 수 있도록 도와주자!" 그 느낌과 상태에 머무른다.

4. 마음에 기쁨이 차오른다. 다시 일터로 나아간다.

송현욱. 나는 그 이름을 들을 때마다 사랑을 떠올릴 것이다. 사랑만이 유일하게 남는 것이고 그 외의 것은 덧없다는 것을, 이 삶은 선물이며 누리기 위해 왔다는 것을 알게 해주었음을 떠올린다. 고맙다는 말을 해줬으면 어땠을까? 하지만 이내 알게 되었다. 그가 남겨준 가르침을 통해 더 많은 사람들에게 사랑을 전하는 것이 고마움을 전하는 길이다.

"당신은 왜 살아 있나요?"

이 책을 시작으로 당신과 함께 그 깨달음을 나누고 싶다.

7 Pin.

능력

진짜 능력은 보이지 않는다

7 Pin. 능력

진짜 능력은 보이지 않는다

대학가기 게임의 세뇌 : 쓸모 있는 기술을 갖춰라, 너만이 할 수 있는 스킬을 쌓아라.

킹핀 라이프 스타일 : 눈에 보이지 않는 '마음 그릇'이 성공의 본질이다. 본질에 집중할 때 성과는 따라온다.

월 1~3억 이상을 벌어들이는, 가만히 있어도 자산이 불어나는 진짜 부자들을 만나면서 느낀 점이 있다.

돈, 명예, 인정, 모든 것을 얻고 싶다는 생각, 다 얻고야 말겠다는 태도로 임하면 절대 그것을 얻을 수 없다는 사실이다.

그들의 조언은 한 가지다. "보이지 않는 네 마음의 크기부터 키워라!"

● Topic. 보이는 것과 보이지 않는 것

사람들은 우선 '보여지는 것'에 집중한다. 상상해 보자. 한 회사의 대표가 있다. 무엇을 먼저 눈에 들어올까?

생김새는 멀끔한지, 어떤 능력과 지식이 있는지, 어떤 좋은 아이템이 있고 투자를 얼마나 받았는지, 현재 매출은 얼마나 나오는지, 미디어에 얼마나 노출되었는지, 사무실의 규모와 직원의 숫자는 몇 명인지, 어떤 차를 타고 다니는지 같은 성과가 먼저 보일 것이다. 자연스럽게 '이 사람은 성공했구나! 저렇게 되고 싶다.' 하는 생각이 들 것이다.

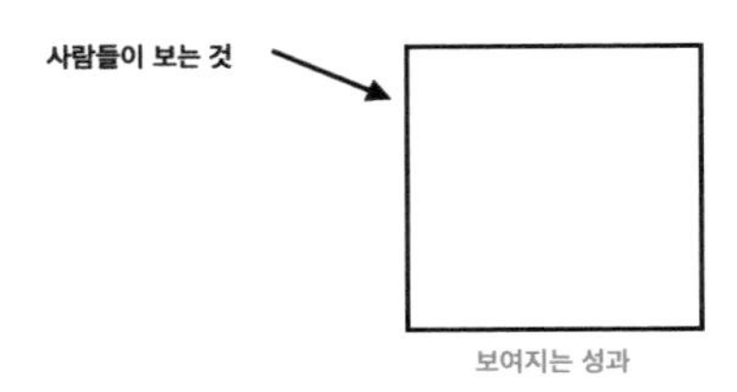

눈에 보이는 것도 정말 중요하다. 아무리 좋은 가치를 가진 상품, 서비스라도 눈에 보이는 것이 별로라면 누구에게도 가치를 전하기는 어렵다.

하지만 눈에 보이는 성과는 그 사람이 지속적으로 성공할 것이라는 것을 보증해 주지는 않는다. 반짝 결과를 낼 수는 있을지 모른다. 하지만 장기적이고 더 크게 성공하려면 더 중요한 것이 있다.

바로 '마음의 그릇'이다. 눈에 보이지 않는 이 내면의 태도야말로 지속적으로 성공하는 원동력이다.

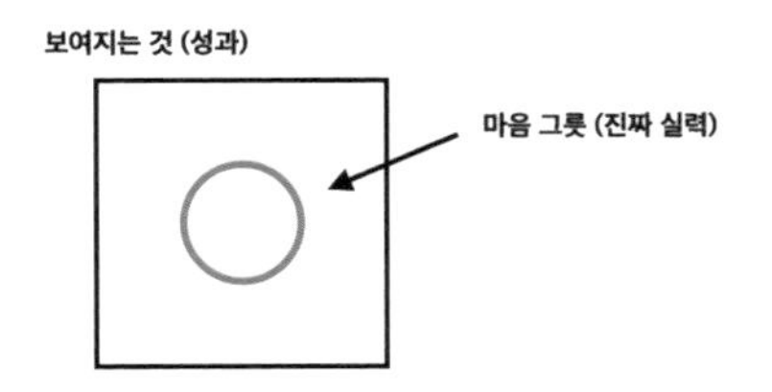

구체적으로 이야기해 보자. 마음 그릇이 뭘까?

당신이 직원이라면, "당신을 통해서 회사에 얼마큼 돈을 벌어다 주고 있으며, 당신의 업무 능력으로 인해 동료들이 어떤 고마움을 표현하며, 상사는 당신의 능력과 태도를 믿을 만하게 여겨 다른 사람들에게 소개를 시켜주고 싶어 하는가? 그렇게 하려면 어떻게 해야 하는가?"라는 질문에 스스로 자신 있게 답할 수 있어야 한다.

회사의 대표라면 "어떻게 당신을 통해서 직원들의 살림살이가 나아지고, 주변 협력사들이 당신과의 거래를 고마워하며, 고객들이 자발적으로 당신의 서비스나 상품을 알리고 싶어 하는가? 그렇게 하려면 어떻게 해야 하는가?"라는 질문이 그들의 최우선의 관심사여야 한다.

상품을 파는 영업직이라도 마찬가지다. "자신이 파는 상품 무엇이며, 어떤 강점과 단점을 가지고 있는지. 또 경쟁사와의 차별점은 무엇이며, 왜 고객들이 이 제품과 서비스를 사용해야 하는지 등. 안 살 이유가 없을 정도로 제품과 고객에 대해 이해하고 설명할 수 있어야 한다."

당신이 한 가정의 어머니 아버지이든, 반에서 반장이든, 프로젝트 팀원으로 있든, 무슨 일을 하던 마찬가지다.

마음의 크기란 "당신이 세상에 존재함으로 인해서 세상이 어떻게 더 나아지는가?"라는 인간의 보편적인 소명 의식이다. 이기심을 줄이고 이타심을 키워나가는 사랑의 마음이며, 현실은 아직 그렇지 않다 하더라도 조금씩 더 개선해나가고자 하는 의지이자, 주인의식이다.

진짜 성공하는 사람들은 그 이면의 '마음의 크기'를 가다듬는다. 그렇게 갈고닦은 마음가짐이 그 사람의 진짜 실력임을 알기 때문이다. 그 마음이 얼마나 성숙하느냐에 따라 성과는 자연스럽게 따라오게 된다.

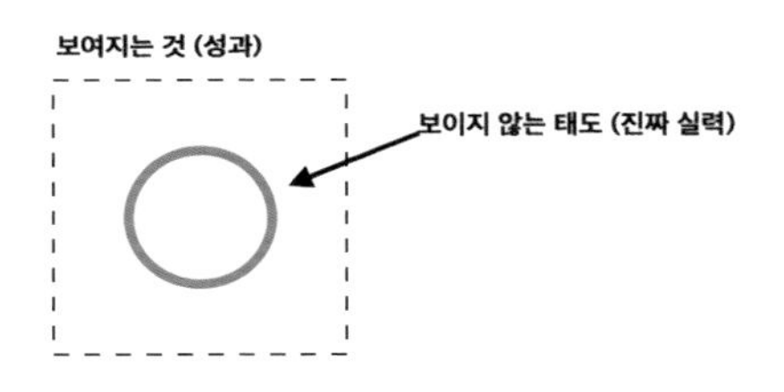

성과도 물론 중요하고 좋은 것이다. **하지만 결국 끝까지 가지 못하는 사람의 특징은 마음 그릇 보다 보여지는 당장의 성과에 더 크게 집중한다.** 그들은 '태도, 마음 그릇' 같은 것은 직관적으로 눈에 보이지 않기에 뜬구름 잡는 소리라고 치부해 버린다.

태도를 갈고닦지 않아도 어느 정도 성과는 낼 수 있다. 하지만 시간이 흐르고 그 성과가 커지기 시작하면, 문제가 발생하기 시작한다.

● Issue. 태도 없는 성과는 모두를 죽인다

내가 가장 위태로웠던 시기는 사람들을 도와주는데 집중하는 것이 성공의 원천이라는 것을 이해했던 20대 중반 때다. 그렇게 처음 시작한 일이 차차차 축구 콘텐츠다. 첫 달에 150명 이상이 모였고, 아무런 돈이 들지 않은 사업 모델로 첫 달부터 순수익이 1000만 원 이상 벌게 되었다. 작은 파이지만 한 번도 벌어본 적이 없는 돈이 눈앞에 닥쳤을 때 이런 마음이 들었다.

"최고가 되고 싶다." 물론 내가 정말로 이기적으로만 생각했던 것은 아니었다. 팀원들도 합리적으로 자신의 지분을 가져갈 수 있도록 시스템을 짜 놓았다. 하지만 점점 시간이 흘러갈수록 마음 깊은 곳에는 이런 생각이 커지기 시작했다. '이거 내가 기획한 사업이잖아. 이 생각을 전국구로 확장시키고 싶어. 어떻게 하면 이 아이디어를 전국으로 퍼뜨리지?' 이런 마음도 들었다.

'저 팀원은 나보다 더 적게 일하고 아이디어도 내지 않는데 돈은 비슷하게 가지고 가네.. 별로 탐탁지 않다.' 애초에 그 팀원들이 존재함으로 인해서 이 사업이 일으켜질 수 있었던 사실을 망각했다.

또 사람들을 위하는데 나의 존재가치가 있다는 것을 잊어버리게 되었다. 어느 날 팀원들이 찾아와서 이렇게 이야기했다.

“더는 너랑 일을 못하겠어. 네가 실력 있는 것도 알겠고, 목표가 큰 것도 알겠어. 근데 마음이 안 간다. 내가 무슨 부하가 된 것 같다.”

이해할 수 없었다. 투자 기회도 열려있고, 확장 계획도 완벽하다. 시간만 흐르면 사업이 커지는 것은 시간문제였다. 답답한 마음에 수없이 설득을 했지만, 이내 며칠 가지 못하고 똑같은 일이 반복되곤 했다. 결국 이 사업을 헐값에 팔아버렸다.

“뭐가 문제지?..”

처음에는 사업이 지속되지 못한 원인을 그 사람에게 돌렸다. "돈방석에 앉을 사업 기회를 놓치다니.. 더 성과를 내서 증명해야겠다.” 이런 마음을 가졌다. 같은 기획 방식으로 다른 사람들과 새로운 사업을 일으키면 될 문제였다. 그렇게 세운 것이 보통사람 기획사다.

사람들에게 기획 방법론을 가르치고 자신이 가진 취미나 재능을 사업으로 기획해 꿈과 돈벌이를 함께 잡도록 한다는 목적이었다. 기획, 마케팅 이론도 더 강화했다. 준비는 끝났다.

처음에는 성과가 났다. 하지만 1년 정도 지나니 고객들은 점점 힘이 빠지고 힘들게 낸 성과를 지속하지 못하기 시작했다. 무엇이 문제였을까 … 나는 멘토님들을 찾아다니며 그들이 일하는 모습을 옆에서 지켜보며 깨닫게 되었다.

'내 마음의 그릇이 커지지 않는다면 아무리 좋은 성과가 나도 결국 무너진다.' 나는 뿌리가 단단하지 않는 나무처럼 기초가 탄탄하지 않으니 항상 무너졌던 것이다.

그리고 깨달았다. 내 실패 이유는 교만함이었다.

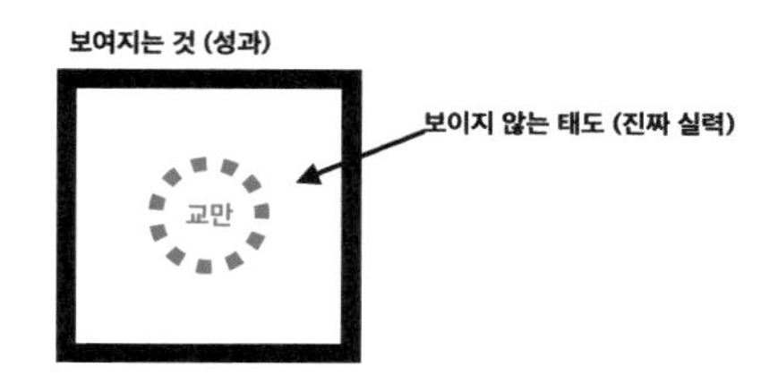

● Problem. 최악의 빌런

부끄럽지만 솔직하게 내 교만했던 과거에 대해 이야기를 해야겠다. 내 경험을 통해 진짜 우리의 모습은 모든 것을 포용하고 초월하는 사랑의 마음임을 조금이라도 전할 수 있으면 좋겠다. 교만은 한마디로 비교다. 교만한 사람은 항상 눈을 내리깔고 사물과 사람을 본다. 나와 타인을 나누고 가르고 우열을 나눈다. 내 과거처럼 남들보다 우월하다는 데서 은근한 즐거움을 느끼거나, 경쟁에서 이겨서 더 큰 권력을 취하겠다, 증명해 내겠다는 생각이 든다면 교만이 틈타고 있다고 볼 수 있다.

나는 같이 일했던 팀 동료들이 나보다 경영도, 지식도 부족하고 수준이 낮다는 마음을 내심 가지고 있었다. 처음 이 교만한 마음을 알아차렸을 때, "에이 내 이야기는 아니네."라고 그 마음을 밀어내고 억압하려고 했다. 하지만 결국에는 내가 누군가와의 비교를 통해 올라서려고 하는 마음이 행동으로 툭툭 튀어나오곤 했다. 굶주린 늑대처럼 내가 남들보다 더 우월함을 드러낼 수 있는 기회를 찾고 있었다.

교만은 마치 암세포처럼 내 마음을 장악해 나갔다.

먼저 감사가 사라지기 시작했다. 겉으로 보기에 나는 열심히 일했다. 밤잠 자지 않고 책을 읽고, 고객들의 심리를 철저히 파헤쳤다. 사업을 성공시키겠다는 명목이었지만 가장 깊은 속 마음은 내가 우월해질 수 있는 상황을 만들기 위함이었다.

'내가 제일 실력이 좋긴 하지. 뭐 굳이 드러내지 않아도 모두가 알지 않아? 그니까 그냥 잔말 말고 따라왔으면 좋겠다.' 모두가 함께 힘을 합쳤기에 꿈을 이룰 수 있었음을 잊게 된 것이다. 그렇게 점차 성과가 생기기 시작하니 팀원들에 대한 감사가 뚝 끊겼다.

교만은 언제나 적대감을 불러일으킨다. 교만은 항상 나와 타인을 나누고 가르고 우열을 나누기 때문이다. 감사가 끊기고 나니 팀원들과 마찰이 생기기 시작했다. 나는 팀원의 입장을 이해하려고 하지 않았다. 나와 다르게 행동하는 것은 모두 그의 잘못과 실수로 규정하고 내심 탓하는 마음을 품고 있었다. 표정은 어두워지고, 모두가 답답하게 느껴졌다. 화도 많아졌다. 솔직한 마음은 "나 혼자도 잘하고 있는데? 이렇게 해도 나름대로 돈, 인정, 명예 다 얻는데, 굳이 저 일 못하는 팀원이랑 같이 일해야 하나? 앞으로 더 잘 될 계획도 있고 말이야!"라는 생각이 불쑥 올라왔다.

당시 신학자 C.S. 루이스의 책 〈순전한 기독교〉에서 이런 글을 읽게 되었다. "교만한 사람은 자신이 원하는 것 이상을 얻었을 때도 단지 자기 능력을 과시하기 위해 더 많은 것을 얻으려고 한다. 모두가 탐욕이나 이기심 탓으로 돌리는 모든 악은 사실 거의 모두가 교만의 결과다."

뜨끔했다. 그래도 내 교만을 인정하기는 싫었다. 알아차리려고 하지도 않았다. 그때부터 교만한 마음을 감출 수 있는 겉 포장을 만드는데 힘을 들이기 시작했다. 누군가를 위해서 일하는 것이 기획의 본질임을 설파하면서, 또 문제를 해결하는 스킬을 들먹이면서 그 마음을 감추어 왔다. 그렇게 하면서 내가 옳음을 증명하는 데서 내심 즐거움을 느끼고 있었다.

교만은 참 미묘하다. 내가 옳다고 생각하는 마음이 있을수록 더 교만이 파고들기 쉽다는 점이 그렇다. C.S. 루이스는 이렇게 말해주었다. "자신이 옳은 일을 한다는 사실 때문에 스스로 선한 사람으로 느껴질 때, 특히나 자기가 다른 사람보다 낮게 느껴질 때는 확실히 사랑이 아닌 악을 다루고 있다고 보면 된다."

사람의 권력과 심리에 대한 권위자 줄리 바틸라나는 저서 〈Power, for All〉에서 이렇게 이야기해 주었다. "자신이 올바르고 바른 가치관을 가지고 있다는 생각… 지극히 도덕적인 것으로 간주하면서, 자신을 정당화할 위험이 존재한다. 자기중심적 생각과 자만심에 취하게 된다." 연구 결과, 실제로 우월감은 자신도 모르는 사이에 뇌 구조를 바꾸고 타인에 대한 공감도를 낮아지게 만들기도 한다.

나는 첫 사업을 헐값으로 매각하고 사람들을 잃었다. 그러고 나서야 내 마음속 교만에 대해 인정하게 되었다. 내 마음 한가운데 교만이 돌처럼 박혀 있는 것 같은 느낌을 받았다.

그때부터 교만이라는 친구를 섬세하게 알아차리기 시작했다. '왜 그런 마음을 가지고 있니?' 판단하지 않는 마음으로 스스로 질문했다.

문제는 불안감이었다. 나는 사랑받을 수 없을지 모른다는 깊은 불안감이었다. 나는 그 불안한 마음을 감추기 위해서, 더 크고 화려한 포장지로 감싸 왔던 것이다. 수천 권의 책을 읽고 부자들을 찾아다녔고 사업을 키웠다. 이유는 내가 사랑받고 인정받지 못할지 모른다는 두려움이었다. 남들이 날 미워할지 모른다는 막연한 두려움이었다.

심지어는 이 당시 주장했던 "나는 누군가를 위해 일한다는 소명의식을 가지고 있어!"라는 말도 도덕적인 비교우위에서 승리하기 위한 수단이었음을 깨닫게 되었다.

더 깊이 들어갔다. '왜 그렇게 불안해하니? 왜 사랑받을 수 없을 거라고 생각하니?' 어린 시절이 떠올랐다. 아버지에게 인정받아야 했으나, 그 인정의 기준은 항상 아버지의 기분에 따라 달라졌다. 몸은 성인이 되었지만 나는 지금도 아버지에게 사랑과 인정받고 싶었던 것이었다.

아버지에게 솔직한 마음을 담은 편지를 썼다. 편지를 쓰면서 아버지가 나를 사랑해 주셨기에, 남자로서 도전정신과 지지를 해 주셨기에 지금의 내가 있을 수 있었던 기억들이 떠올랐다. 원망이 조금씩 감사로 바뀌었다. 편지를 보내고 인정받고 싶은 집착, 교만한 마음에서 조금은 해방될 수 있었다.

내가 교만했던 근본적인 문제는 사랑의 결핍이었다. 아버지를 탓하며, 내 스스로 조건 없이 나를 사랑해 주지 못한 것. 이것이 근본적인 원인이었다. 그 때문에 끊임없이 외부의 인정을 좇았던 것이다.

이 경험을 통해 많은 것을 배웠다. 아무리 실력이 좋아도, 교만한 마음을 가지고 있다면 결코 사람들의 마음을 얻을 수 없다. 나아가 장기적인 성취로도 이어질 수 없다. 가장 우선적으로 갖추어야 할 것은 보이는 능력, 실력 이면의 사랑의 태도, 마음 그릇을 키우는 것이다. 교만이 내 마음에 틈타는 근본적인 이유는 내가 먼저 사랑이 부족하기 때문이다.

중국 양명학의 경전 〈전습록〉에서는 교만에 대해 가슴에 품을 만한 문구를 얻을 수 있었다. "인생대병 지시일오자" '인생의 가장 큰 병은 오만이라는 한 글자라는 뜻'이다. 사랑의 부족은 오만이라는 가장 큰 병을 불러온다.

● Solution. 사랑은 겸손을 타고 자란다

그렇다면 내 마음 그릇을 사랑으로 가득 채우기 위해서는 어떻게 해야 할까? 가장 우선적으로 해야 하는 일은 내 겸손함을 갖추는 것이다. 겸손은 '인생의 가장 큰 병'을 예방하는 백신이라고 할 수 있다. 4가지 실천 사항으로 정의할 수 있다. 하나씩 알아보도록 하자.

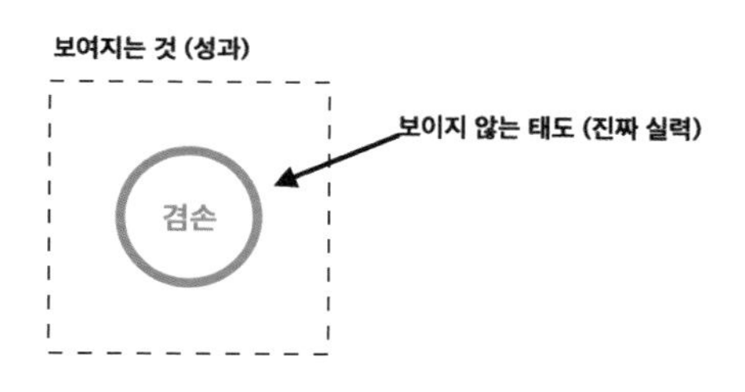

1. 내려놓을 것
2. 사람들에게 도움이 되지 않는 일은 하지 않을 것
3. 확실한 주장을 가지되, 극단적으로 열려있을 것
4. 사람을 수단으로 생각하지 않을 것

1. 내려놓을 것

내려놓는다는 것은 무아(無我)의 상태에 머무른다는 말이다. 무아란 자기 자신과 동일시하는 것을 내려놓는 것이다. 대부분 사람들은 자기 자신을 물질적인 조건인 육체나 감정 생각, 한계 짓는 생각들, 두려움과 동일시한다. 괴로움, 미움, 질투,

열등감, 비교와 경쟁의식, 돈, 성취를 자기 자신이라고 생각하며 살아간다. 내가 아버지에게 사랑과 인정에 대한 결핍을 채우기 위해 행동했던 것도 마찬가지다.

우리의 진짜 실체는 사랑의 에너지다. 현대 과학의 언어로 표현하면, 물질적 경계를 넘어 무한한 가능성을 품은
'양자 에너지'이다. 기독교 언어로 이야기하면, 당신은 육신을 넘어선 '영'이다. 불교 언어로 이야기하면, 색(현상)의 세상을 넘어선 '궁극 공'(원인)이다.

사랑은 모든 경계를 초월해 존재한다. 지금 이 순간의 감정과 느낌, 생각, 물질적 신체는 진짜 내가 아니다. 우리는 모든 경계 그 너머의 의식, 모든 것의 원인이 되는 창조의 에너지다. 이 글 또한 하나의 경계이므로 진짜 사랑을 표현하기 위한 방식일 뿐이다. 당신은 그 자체로 무한한 가능성이며, 무엇이든 이룰 수 있는 존재다. '모든 것을 더 좋게 만들 수 있는 궁극의 선함.' 그것이 당신의 진짜 당신의 모습이다.

자신을 내려놓으면 자연스럽게 겸손해진다. 〈전습록〉의 저자 왕양명은 이렇게 말했다. "무아가 되면 스스로 겸손하게 된다. 무아란 마음속에 아무것도 지니지 않는 경지이며 갓 태어났을 때의 마음이다."

겸손하게 되면 사랑 안에 거하게 된다. C. S. 루이스는 이렇게 말했다. "우리가 사랑을 실천하고 있다는 것을 알아볼 수 있는

방법은 '내가 나 자신에 대해 완전히 잊고 있느냐'다." 무아에 상태에 머무르면 그 어떤 것에도 집착할 필요가 없어진다. 모든 것은 이미 당신에게 주어져 있으며 지금 이 순간, 무한한 행복과 풍요가 가득하다는 것을 알게 된다. 무아에 머무르면 자연스럽게 사랑 안에 있게 된다.

2. 사람들에게 도움이 되는 일이 아니라면 하지 않는다.

출판사를 운영하며 20대 책쓰기 프로젝트 4기를 진행하고 있을 때였다. 입소문을 타며 매출이 꽤 올라오고 있었다. 하지만 문득 고객들이 단순히 책을 내는 것은 그들에게 도움이 되기는 커녕 시간 낭비일 수 있겠다는 생각을 하게 되었다.

책을 냄으로 인해서 자신의 동기를 알고 진로를 찾거나, 내면을 돌아보고 아픔을 치유할 수 있는 좋은 장점이 있었던 것도 사실이다. 하지만 명품 백 사고 인스타그램에 자랑하고 마는 일회성 체험 같다는 느낌이 항상 마음 가운데 있었다. 이 생각을 강화하게 된 사건이 있다. 한 작가님은 이 책을 가지고 자신의 자의식을 채우고, 더 거만해지고 사람들에게 존중이 없어지는 모습을 보이는 것을 목격했다. 그리고 그런 라이프스타일을 또다시 퍼뜨리는 모습을 보았다. 그 영향이 다시 출판사로 돌아오는 모습을 보면서 이렇게 결론을 내렸다.

"지금 내가 하는 사업은 세상에 선한 영향을 끼치고 있지 않다.” 만약 그럼에도 사업을 지속하면 어떻게 될까? 결국은 검증의 잣대가 들어오게 된다. 세상은 모두에게 도움이 되지 못하는 것은 결국 잘라내고 축출하는 습성이 있다. 사람들에게 진짜 도움이 되지 못하면 망하는 것이다.

하지만 내면에서는 ‘아.. 돈이 되는데, 지금 계속 팔리고 있는데.. 하는 아쉬운 생각이 맴돌았다. 하지만 나는 결단하고 그 자리에서 사업을 중단했다. 이미 돈을 지불하신 고객들에게 이유를 설명드리고 돈을 돌려드렸다. 그러고는 다시 생각했다. ‘왜 책을 써야 하는가? 가장 먼저 이 사업을 통해서 사람들에게, 나아가 사회에 어떤 도움이 되는지를 확실하게 해야 한다.’ 나는 이 답을 찾지 못하면 사업을 다시 시작하지 않겠다고 각오했다.

그렇게 찾게 된 것이 ‘인생의 킹핀’과 ‘인생의 내비게이션’이다. 책 쓰기의 본질은 세상에 도움이 될 수 있는 정보를 알리는 데 있다. 그 본질은 개인과 가족, 집단과 사회 모두를 더 선하게 만들고자 하는 교육임을 깨닫게 되었고 지금의 〈학교를 세운다〉를 세우게 되었다.

세상은 인과응보의 원리가 지배한다. 사람들에게 도움이 되지 않는 일이라면 억만금을 버는 일도 결단하고 멈추시라. 모른다고 생각할 수 있지만 사람들은 안다. 이 사람과 회사가 진정성을 가지고 있는지, 자신의 속만 채우려고 하는지. 부는 사랑의 상태에 머물 때 자연스럽게 흘러들어온다.

3. 확실한 주장을 가지되, 극단적으로 열려 있을 것.

겸손함에는 명확한 기준이 있다. 나만의 확실한 주장을 가지되, 극단적으로 열린 마음을 가지는 것이다. 쉽게 비유하자면 장님들이 코끼리를 표현하는 상황을 떠올려볼 수 있다. 첫 번째 장님은 코끼리의 다리를 만졌다. 나무 그루터기 같다고 생각한다. 그 장님에게는 사실이고 현실이다. 두 번째 장님은 코끼리 코를 만졌다. 뱀처럼 길고 주름이 져있다고 생각한다. 그 장님에게도 이는 현실이다.

하지만 두 장님이 만나면 어떻게 될까? 인식의 차이로 갈등이 생기게 된다. 첫 번째 장님은 자신의 생각이 옳다고 고래고래 소리를 지른다. 두 번째 다른 장님은 의기소침해서 아무 말도 하지 않는다. 굳이 내 주장을 하지 않아야겠다고 생각하기도 한다. 그 누구도 코끼리의 진짜 모습은 본 적이 없다.

모든 장님의 주장은 옳다. 하지만 모두 진실을 이야기 하기보다는 진실의 일부를 표현하고 있기에 모두 한계가 있다. 우리 인간도 마찬가지다.

우리는 현실의 전체 상을 볼 수 없는 장님과 같다. 궁극의 겸손함은 내 주장을 확실히 가지되, 정말로 틀릴 수 있다는 사실을 받아들이는 것이다. 첫 장님처럼 자신의 주장만이 옳다고 주장하기만 해서는 안 된다. 그는 더 큰 진실을 보아도 보지 못한다. 그렇다고 두 번째 장님처럼 자신의 주장이 없어서는 안 된다. 확실히 자신이 믿는 바에 대해, 옳다고 생각하는 바에 대해 이야기할 수 있어야 한다. 정말로 아닌 것은 아니라고 말할 수 있는 용기를 가지는 것도 겸손함이다.

겸손한 사람은 물 같은 사람이다. 꼭 이렇게 해야 하는 것도, 저렇게 해야 하는 것도 없다. 사랑은 분별하지 않는다. 진실의 차원에서는 옳고 그름이 없다. 내가 옳다고 생각하는 믿음은 내가 처한 환경과 맥락, 흐름 안에서의 해답이지 절대적으로 옳은 답이 아니다. 더욱이 일상의 많은 문제들이 굳이 경계를 두고 싸워야 할 만큼 가치 있는 것도 많지 않다. 이런들 어떠하고 저런들 어떠할까?

4. 사람을 수단으로 생각하지 않을 것.

첫 사업 때 나는 고객들과 팀원들을 내 성공을 위한 앵벌이 정도로(좀 강하게 말하자면) 생각했던 것 같다. '내가 이렇게 대단한 가치를 가져다주니, 당신들은 나에게 인정과 존경, 돈을 바쳐야 한다.'는 식의 태도였다. 아주 건방지고 교만했다.

아마 이 글을 읽는 당신은 나보다는 나을 것이다. 그렇다 해도 돈과 성취가 따르기 시작할 때는 사람을 우선한다는 것이 말이 쉽지 참 실천하기 어려울 것이다.

나는 그 근본적인 원인이 결핍에 있음을 알게 되었다. 결핍이 남아있다면 당신은 자연스럽게 사람들을 당신의 결핍을 채우기 위한 수단으로 생각하게 된다. 배고프면 온통 먹을 것만 떠오르고 보이는 것과 같은 이치다. 성인이 되어서도 아이와 같이 관심과 사랑을 갈구하거나, 자신의 권력을 유지하기 위한 하나의 장치 정도로 생각하게 된다.

대게 사람들은 그 결핍을 처음으로 알아차리면, 그 결핍을 자기 자신과 떼어놓으려고 하는 경향이 있다. 하지만 그럴 필요가 없다.

결핍이 있다면 그것은 사실 가장 날카롭고 효과적인 무기를 가진 것과 같다. 문제는 그 무기를 내 가슴속에 품고 있는지도 알아차리지 못하기 때문에 나와 주변 사람들을 찌르게 될 때가 많다는 것이다.

내가 인정받고 싶어서 사업을 망친 것도 바로 이 상황과 같았다. 하지만 나는 여전히 인정받기 위해 행동한다. 변한 게 있다면, 이제는 그 마음에 휩쓸리어 사람의 마음을 상하게 하지 않는다. 그 마음을 즐기되 나와 동일시하지 않는다. 인정받고 싶은 마음도 나의 일부이며 이를 미워하거나 거부하지 않는다. 나는 그마저도 사랑한다. 오히려 인정받고 싶은 심리를 더 활용하여 사람들에게 도움이 되는 일을 한다.

당신도 결핍이 강한 사람인가? 진심으로 축하한다. 당신을 더없이 큰 에너지를 가졌다. 다만 우선은 가슴속에 무기가 있음을 알아차리고 그 무기의 장단점을 정확하게 파악해 사람들에게 도움이 되는 방향으로 활용하기 바란다.

이것이 나와 너 우리 모두를 살리는 겸손함이다.

진짜 능력은 눈에 보이지 않는다. 전체를 위한 마음 그릇을 키우는 것이 진짜 능력이다. 이를 가로막는 것이 교만함이다. 교만은 인생의 가장 큰 병이다. 최선의 예방은 적이 누구인지 알고 정확한 대처를 마련해 놓는 것이다. 역시 해답은 사랑이다. 사랑은 겸손을 타고 자란다.

당신도 삶에 있어 겸손의 4가지 기준을 가슴에 품고 진짜 능력을 발휘하기 바란다.

● Action. 모두의 마음이 모이면 기적이 생긴다

첫 사업이 실패한 후, 나는 이렇게 맘먹었다. "내가 이 일을 해야 하는 이유가 무엇인지 명확히 하지 않고는 어떤 일도 시작하지 않겠다." 그날 이후 나는 회사의 존재 이유를 이렇게 세웠다.

"사람들이 킹핀의 삶을 살도록 물심양면으로 돕는다."

〈학교를 세운다〉를 세울 때에도 가장 먼저 한 일은 내가, 팀원들과 이 목적의식을 공유하는데 집중했다.

우선 함께 일하는 팀원들의 미래다. 팀원은 이 회사가 아니더라도 세상에 더 큰 기여할 수 있다면 그렇게 하도록 도와주어야 한다. 인재는 공공의 것이며 한 회사의 소유가 될 수 없기 때문이다. 그렇게 하려면 교육에 대해 이야기하는 팀원부터가 인재로 성장하는 것이 우선이다. 나는 목표를 세웠다. 〈학교를 세운다〉의 교육 프로그램을 통해 팀원들이 어떠한 환경과 상황에서도 문제를 해결할 수 있는 인재가 되는 데 도움이 될 교육 프로그램을 만든다.

두 번째는 생계와 교육에 대한 문제의식이다. 성인들이 가장 많이 후회하는 것이 있다. "우리 집안이 벌이만 더 있었어도, 좋은 배경만 있었어도 성공할 수 있었을 텐데.."

하지만 나는 지금 시대에 돈과 배경이 없어서 성공하지 못한다는 것에 동의하지 않는다. 지금 시대는 집 책상에 앉아서

동, 서양의 모든 지식과 정보를 접할 수 있는 시대다. 단지 올바른 정보를 얻고 실천으로 이어질 수 있도록 이끌어주는 환경을 만나지 못했을 뿐이다. 우리는 평범한 80% 성인들에게 교육의 본질에 대한 이해와 방향을 알리고, 속해만 있어도 함께 풍요를 이룰 수 있는 삶으로 변해나갈 수 있는 교육 시스템을 만든다.

마지막으로 대한민국 교육 정책에 대한 해답이다. 최근 국가에서 100만 IT 인재를 양성하겠다고 발표하였다. 문제는 단순히 수학 과학 과외하듯이 기술을 주입하기만 하는 교육 시스템에 있다. 실무에서는 단순히 코딩 등 기술을 잘 다루는 것만으로는 아무런 성과를 낼 수 없다. 더욱이 ChatGPT 같은 AI 서비스가 나오면서 단순히 IT 능력을 가지고 있는 것만으로는 결국 대체될 수밖에 없다.

국가 차원에서 수백억 많게는 수천억 원의 비용을 잃고 있는 것이다. 국가의 교육 정책을 수립하는 차원에서 〈학교를 세운다〉를 통해 교육의 본질에 대한 통찰점을 전하여고, 올바른 교육 정책을 펴는 데 있어서 지침으로 삼을 수 있도록 돕는다.

마지막으로 나는 배우자와 함께 내 아이를 잘 키우겠다는 목표가 있다. '내 아이를 어떻게 키울 것인가?'라는 고민을 진지하게 하게 된다.

지금도 항상 최상의 교육이 있다면 나부터가 알고 싶고, 그런 학교나 교육업체가 있다면 학생으로 돌아가 배우고 싶다는 생각으로 일을 하고 있다. 하지만 격변하는 세상 속에서 변하지 않는 삶의 기준을 알려주는 교육은 없었다. 결국 대체될 수밖에 없는, 소멸할 수밖에 없는 교육뿐이었다. 고민 끝에 결론을 내렸다.

그냥 우리가 만들자! "우리는 학교를 세운다."

나는 꿈을 꾼다. "네 미래를 위해 아빠가 직접 학교를 세웠어. 네가 이루고 싶은 꿈을 마음껏 펼쳐봐. 힘내, 할 수 있어. 너 뒤에는 항상 우리가 있어."

우리는 속해만 있어도 사랑하는 삶으로 변화할 수 있는 문화를 만든다. 이미 3년간 입소문 만으로 300명 이상의 진짜 팬층이 생겼다. 그 마음과 실현된 성취와 문화를 보고 투자를 해주겠다는 멘토님들, 이 땅에 천국과 같은 문화를 세우겠다는 그 일념 하나로 묶여있는 팀원들. 어떻게 살아나가야 할지 공부하고, 그 길을 찾고 실행하고 알리는 일이 너무 즐겁다는 작가님들.

나는 안다. 모두가 잘 되기 위한 생각은 어떻게든 성공할 수밖에 없다. 모두를 위한 목표를 세우면 모두의 마음이 모인다. 모두의 마음이 모이면 기적이 일어난다. 당신도 동참하시라. 사랑은 마음이 하나로 모이는 것이다.

진짜 능력은 눈에 보이지 않는다.

8 Pin.

욕망

인간 욕망의 8단계

인간 욕망의 8단계

대학가기 게임의 세뇌 : 무엇을 원하는지 질문하지 않는다. 욕망의 기준이 없다. 갈등이 생긴다.

킹핀 라이프스타일 : 모든 욕망을 포함하되, 초월하는 기준을 가진다. 자유를 얻는다.

도대체 무엇을 얼마만큼 얻어야 "진짜 만족스럽다."라는 말이 나오게 될까? 이 책은 모든 것을 얻고 싶은 욕망 덩어리를 위한 책이니 만큼, 이번 글에서는 인간이 궁극적인 욕망에 대해 알아보도록 할 것이다.

요즘 상담을 하다 보면 자주 나오는 단어들이 있다. "경제적 자유, 워라벨, 월 1000만 원 시스템 만들기, 파이프라인"

나는 호기심을 가지고 질문한다. "그것을 왜 원하시나요?", "음 돈을 많이 벌고 싶어서요.", "네 그러면, 돈을 왜 많이 벌고 싶으신가요?", "빚도 갚고 내 삶에 자유를 얻 싶어서요." 나는 진지하고 침착하게 다시 물어본다. "자유로워지는 건 어떤 의미인가요?, 자유로워지면 충분히 만족하게 될까요?"

'무엇을 왜 원하는가?'라는 질문을 3, 4번 정도 던지다 보면, 사람들은 문득 자신이 뭘 얻기 위해서 이 일을 하고 있는지도 모른 체 막연히 살고 있었다는 것을 깨닫게 되곤 한다.

우리는 뭘 원할까? 인간이 궁극적으로 욕망하는 것이 있다면 그게 뭘까? 이번 장에서는 인간의 궁극적인 욕망에 대해 알아볼 것이다.

욕구 5단계, 그 너머

꽤 설득력 있는 주장이 있다. 에이브러햄 매슬로우의 욕구 5단계설이다. 이 욕구단계설은 전 세계적으로 지난 50여 년간 신봉되어온 이론이다. 국내 대학의 교육 또한 이와 크게 다르지 않아서, 교양이나 경영학, 심리학, 교육학의 조직행동이나 인사관리 과목에서 매슬로의 이론을 자연스럽게 가르친다.

이 중 가장 상위의 욕구인 5단계 욕구는 자아실현의 욕구이다. 이는 자신의 재능과 잠재력을 충분히 발휘해서 자기가 이룰 수 있는 모든 것을 성취하려는 최고 수준의 욕구다. 이 영향을 받은 사람들은 내가 좋고 행복한 일을 하는 것이 가장 최고라고 인식하게 된다. '경제적 자유, 성취, 도전, 개성' 모두 이 5단계의 욕구에 맞닿아 있는 사회적 흐름이라고 볼 수 있다.

하지만 대부분의 사람들은 매슬로우가 말년에 자신의 주장을 바꿨다는 사실을 모른다. 욕구단계설에서 자아실현의 욕구를 가장 꼭대기에 올려놓았던 매슬로는 말년에 인생 최고 경험을 '자기초월', 즉 자아보다 더 높은 목적을 위한 삶에서 찾았다. 본인이 종전에 최고 수준의 욕구로 꼽았던 자아실현이 사실은 가장 기본적인 욕구라고 이야기했다.

매슬로우의 〈존재의 심리학〉에 따르면 인간의 궁극적인 욕구는 '자기초월'이다. 자기 혼자는 할 수 없는 더 큰 목적에 참여하고 있다는 인식. 자신이 하는 일로 하여금, 자신이 속한 집단에 기여된다는 느낌. 매슬로우는 이것이 우리가 더 원하게 될 궁극적인 욕구라고 주장했다.

한 걸음 더 나아가 보자. 매슬로우는 1950년대 사람이다. 매슬로우의 통찰이 큰 의미가 있긴 해도, 70년 전 이론이다. 이 이론을 바탕으로 우리의 욕구를 해석하는 것은 마치 아이폰 1세대 모델의 카메라로 찍은 화질 낮은 사진을 인스타그램 프로필로 올리는 것과 비슷하다. 가능하긴 해도 굳이 그럴 필요가 없는 것이다.

의식 성장의 8단계 모델

인간에 관한 연구는 매슬로우 이후에도 끝없이 이어져왔다. 현시대의 니체라 불리는 철학자이자 심리학자인 켄 윌버는 '통합 모델'(Spiral dynomics & Integrale Theorie)이라는 8단계의 이론을 제시한다. 이 이론은 집단, 사회, 과학, 문화, 역사 등, 인간과 세상에 대한 모든 정보를 책상 위에 쭉 펼쳐놓고, 그 속에서 우주가 가진 패턴을 찾고자 했던 시도다.

윌버의 이론은 파괴적이다. 8단계의 통합모델을 통해서 사람들이 어떤 동기, 욕구, 믿음에 의해 움직이게 되는지 생생하게 이해할 수 있다. 나아가 각 개인, 각 조직, 문화, 사회, 인류 전체가 어떤 방향성으로 성장하고 발전해 나갈지를 예측할 수 있게 된다. 쉽게 비유하자면 닥터 스트레인지가 타노스를 무찌를 수 있는 수천만 가지 방법을 미리 시뮬레이션 해보고 최적의 수를 찾아낸 것처럼, 우리도 통합모델을 통해 혼돈스러운 세상 속에서 나, 우리 조직, 문화, 사회가 어떻게 발전해 나가게 될지 시나리오를 미리 그려볼 수 있게 된다.

우리는 무엇을 원하게 되는가? 켄 윌버는 통합모델의 핵심을 이렇게 이야기한다. "줄어드는 자아중심성으로서의 발달.", "자아중심성이 줄어든다."라는 말의 의미를 쉽게 풀면 이런 의미다. "8단계를 따라 성장할수록 나를 위한 욕구는 점점 줄어들고, 전체를 위한 이타심은 늘어난다."

이타심이 늘어나면 결국 무엇을 원하게 될까? 윌버는 인간의 가장 궁극적인 욕구에 대해서도 이야기한다. "합일의식과 일체 되는 것."

쉽게 이해하기 위해 8단계로 이루어진 '통합 모델'을 한 인간이 성장하는 과정에 빗대어 생각해 보자. 사람은 이 8단계 중 어디에 속해있는지에 따라 세상을 아주 다르게 해석하고 경험한다. 그 믿음대로 세상을 대하고, 그 세계관의 프레임으로 세상을 바라본다.

• 1단계. 생리적 욕구 단계 (Beige meme)

유기체 생존욕구

'Rebel'이라는 아이가 태어났다. 이 아이의 의식은 생존에 대한 욕구가 철저히 의식을 지배하는 상태다. 쉽게 말해서 살아있는 유기체의 가장 초기적이고 기본적이며 원시적인 '먹고 싶은 욕구', '성적인 욕구' 등에 지배받는 의식의 상태다. 매슬로우가 이야기한 생리적 욕구의 단계도 이와 같다.

인간은 항상 어떤 욕구가 충족되지 않으면 그 욕구와 본인을 동일시한다. 예컨대 밤 12시 치킨에 대한 욕구가 생긴다면, 인간은 욕구 자체를 '나 자신'이라고 인식하게 된다. '나는 치킨을 원한다.' 즉 '욕구 = 나' 인 것이다.

인간은 각 단계가 채워지지 못하면 다음 단계로 나아가지 못한다. 그 단계에 집착하게 되고, 자신과 동일시하게 된다. 전 단계가 채워지면 본인과 동일시하던 욕구를 내려놓고 그다음 단계의 욕구를 추구하게 된다.

• 2단계. 마법적 부족적 단계 (Purple meme)

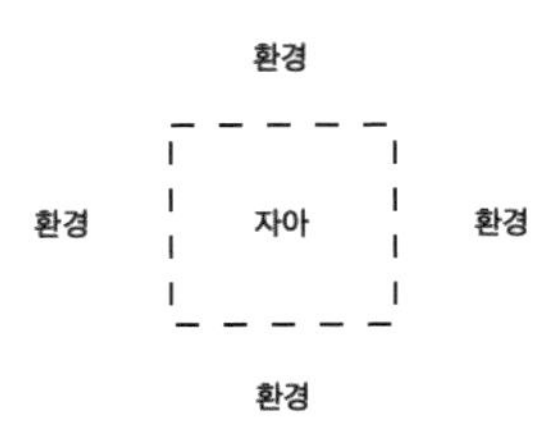

아기가 18개월 정도 되면 희미하게 자신과 주변의 경계가 생기기 시작한다. 감정과 느낌의 차원에서 조금씩 자신과 타인을 구분할 수 있게 된다. 이 단계의 의식 수준에서는 3가지 행동양식이 나타난다.

1. 충동과 즉각적인 욕구 충족에 의해 움직인다.

아기는 자기와 주변이 막 분리된 탓에 자기와 환경이 조금은 혼란스럽게 뒤섞여 있다. 때문에 자신의 느낌, 생각과 현실을 구분하지 못한다. 사고방식이 공상과 충동에 기초를 두고 있는 것이다.

내 조카가 목욕을 하며 오리 장난감과 노는 모습을 보자. 조카는 비누와 물오리와 연합해 적을 무찌르기 위해 함께 전투를 벌이고 있는 중이다. 우리가 볼 때는 그냥 목욕이지만, 조카의 뇌 속에서는 대서사시가 벌어지고 있다. 조카에게 그 상황은 현실이다.

성인에게도 마법적 부족적 단계는 남아있다. 롯데월드 같은 테마파크, 마블 시리즈 같은 SF 영화가 이 단계의 욕구를 충족시켜준다. 테마파크는 현실화된 공상 그 자체다. 배고파지면 식당이 있고, 좋아했던 캐릭터를 보고 싶으면 만질 수 있다. 우주로 여행을 떠난다. 충동과 공상 이 현실과 구분되지 않는다.

2. 자신이 아주 특별한 존재라는 믿음을 쫓는다.

이 단계의 의식은 '나로 인해 세상이 돌아간다'는 믿음이 지배한다. 예컨대 인류 조상들의 토테미즘적 성향을 들 수 있다. 기우제를 지내면 신이 우리를 위해 비를 내려줄 것이다. 화산은 내 행동에 신이 대노 했다는 증거고, 번개는 날 죽이기 위한 것이다. 꽃이 활짝 핀 것은 내가 사랑에 빠졌다는 증거를 의미한다.

현대인의 내면에도 이렇게 특별하고 싶은 욕구가 깊이 녹아있다. 정상적으로 성인이 된 인간이라면 누구나 어린 시절 울기만 하면 엄마가 챙겨줬던 경험이 있다. 내가 움직이지 않아도, 때가 되면 먹을 것 입을 것이 있는 것이다. 나의 충동과 욕구는 그냥 채워졌다. 인간은 성인이 되어서도 '나는 특별한 존재'였던 그 감정을 되찾고 싶어 한다. 이 단계에서 결핍이 생긴다면 성인이 되어서도 타인들에게 관심과 사랑을 충족 받고 싶어 하는 성향이 강하게 드러날 수 있다.

3. 모든 소망이 마법처럼 실현될 것이라고 믿는다.

요즘 마케팅을 조금만 돌아봐도 자기중심적 혹은 자기 과장적인 면에 호소하는 상품과 마케팅이 넘쳐난다. “세상에는 끌어당김의 법칙이 지배한다. 간절하게 원하면 우주가 도와준다.”라는 주장의 ‘시크릿’은 전 세계에서 수백만 부가 팔린 베스트셀러다. 마찬가지로 블립, 왓칭 같은 책들. “이 강의만 들으면 수십억을 벌 수 있게 된다.” 식의 마케팅. “기도만 하면 나를 위해 하나님이 축복을 주실 것이다.” 같은 믿음들은 모두 자신의 행동이 자연의 법칙을 중단시켜서 역사가 바뀔 것이라는 믿음에 기초한다.

하지만 목표를 성취하려는 강력하고 가치 있는 의도는 유치한 마법과 주문과는 다르다. 밥 프록터, 나폴레온 힐, 〈시크릿〉의 저자 론다 번 등 성공학 권위자들의 시초라 불리는 월러스 워틀스는 〈부의 비밀〉에서 이렇게 말한다.

“부의 방향은 그 사회의 발전 수준과 사회 전체의 필요를 따라간다. … 시대 흐름을 거스르지 않고 타는 사람이 다양한 기회를 얻게 된다.” 즉 끌어당김은 현실의 발달 단계에 기초한다. 100년 전에는 아무리 스마트폰을 상상하고 끌어당겨도 이루어지지 않는다. 기술 발전이 뒤따르지 않았기 때문이다.

이 단계에 머물러 있는 사람들은 자신의 특별함을 이 세상에서 다른 무엇보다도 우선시한다. 때문에 욕구 충족을 위한 망상에 빠지곤 하는 것이다.

무시할 필요는 없다. 단지 이 발달 단계의 사람은 자기와 환경, 주체와 대상, 생각과 사물을 아직 잘 구분하지 못한다. 그런 탓에 사물의 이미지나 생각을 조종하면 그 사물에 직접적으로 영향을 미칠 수 있다고 믿는 것이다.

어떻게 다음 단계의 의식이 등장하게 될까? 인간의 의식 성장에는 성장통이 따른다. 이를 '변화 딜레마'라고 한다. 인간은 변화 딜레마를 극복해 내며 성장하게 된다.

딜레마 : 세상 일이 자신의 뜻대로 되지 않는 것이 불만족스럽다. 화가 난다. 그러다 보면 자신이 그리 특별한 존재가 아닐 수 있겠다는 생각이 들기 시작하면서 의식의 성장이 시작된다.

• 3단계. 신화적 권력신 단계 (Red meme)

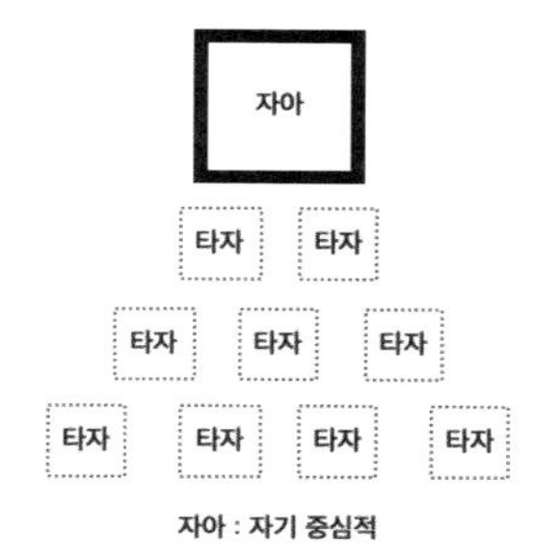

자아 : 자기 중심적

아이가 3살 정도 되면 타인과 구분되는 자아가 처음으로 등장하게 된다. 이때의 의식은 자기중심적이다. 세상의 기준이 모두 자기 자신에게 있다. 세상이 자기 뜻대로 되지 않는다는 것을 받아들이지 못하고, 자신이 남들에 비해 특별한 존재될 수 있는 기회를 추구하게 된다. 때문에 심리학자 클레어 그레이브스(Clare Graves)는 이 단계를 '권력신 단계'라고 말했다.

선생님도 못 고치는 '중2병'을 떠올려볼 수 있다. 자신감, 자아가 넘쳐흘러 보인다. 적자생존으로 세상을 바라보고, 기존 사회의 질서를 우습게 생각한다. 질서와 대립하며 자신의 기준으로 세상을 인식한다.

권력을 취하는 방식은 여러 가지다. 중2병 처럼 반항하거나, 반대로 자신의 무기력함과 능력 없음을 드러내면서 특별한 지위를 점하려고 하기도 한다. 사람들이 자신을 신경 쓰게 만드는 것이다.

성인들에게는 어떤 욕망으로 나타날까? 바로 권력 추구, 즉 사회 속 지위에 대한 야망이다. 타인으로부터 받는 인정, 남들보다 더 특별하다는 감정. 그들은 경쟁하고 우열을 나누고 정복한다. 사회적으로 관심을 확보하는데 능하다. 대표적으로는 북한 김정은, 중국, 스탈린, 히틀러, 폴포트, 푸틴이다. 푸틴은 지금도 우크라이나와의 전쟁에서 졌다는 것을 인정하기 싫어한다. 히틀러는 차라리 죽는 선택을 했다. 재미있는 것은 이들의 대표 컬러는 모두 '빨강색'이다.

이 단계에서는 신에 대한 믿음도 '권력을 가지고 있고, 나를 이끌어줄 수 있는 대상'으로 생각한다. 나를 정죄하고 벌주는 존재, 하늘에 있는 경찰쯤으로 생각한다. 말 그대로 '권력신'인 것이다.

왜 인간은 자신의 권력을 좇으려고 할까? 이 의식을 꿰뚫는 통찰은 어쩌면 자신은 특별하지 않고 허약한 존재일지 모른다는 불안감을 감추거나 드러내는 데 있다. 이를 인식하지는 못하지만, 무의식 속에서는 자신이 허약한 존재임을 누구나 안다.

*Beige, Purple, Red 처음 3단계는 '1인칭'이다. 나, 나의 것, 나의 기준이 세상 그 자체다. 때문에 자기도취적, 자기중심적 단계로 불린다.

이 단계는 아직 타인의 실제적 존재를 인식하지 못한다. 아직까지는 타인의 입장에 서서 생각할 수 있을 정도로 의식이 발달하지 못한 것이다.

딜레마 : 자신을 중심해서 살아가다 보면, 삶의 어려움을 직격탄으로 맞게 된다. 사회는 결국 타인과 교류하며 살아가만 한다. 이때 자각하게 된다. "아 내 감정, 지위, 생각이 자신이 가장 중요하다고 생각했는데, 아니구나." 자신이 개인 혼자만으로는 너무나 허약한 존재임을 알게 된다.

• 4단계. 형식적, 절대적 단계 (Blue meme)

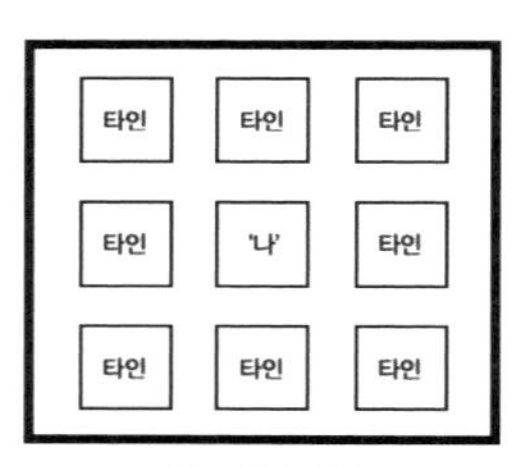

자아 : 민족적 정체성

개인적으로 행동하는 것보다, 집단의 기준과 규칙을 따르는 것이 더 큰 안정감을 준다. 나 개인의 자아를 조금은 줄이고, 전체에 잘 적응하기 위한 욕구가 발달하기 시작한다. 클레어 그레이브스는 이 단계를 '절대주의적 단계'라고 이야기한다. 의식은 자기중심에서 민족 중심적으로 진화한다. 다시 말해 나만 생각하던 1인칭의 관점에서 너를 생각하는 2인칭의 관점이 추가된다.

3가지 특징이 있다. 하나씩 알아보자.

1. 형식적 규칙 준수

부모님 세대의 대다수가 절대적 순응의 단계를 대표한다. 공부 열심히 해서, 대학 나와서, 삼성 같은 대기업에 취업하고 결혼하는 것이 정답이다. 성경을 문자 그대로 명백한 절대적 사실로 받아들인다. 규칙을 엄격하게 준수한다. 집단의 규칙을 지키는 것이 옳은 것이고, 집단의 규칙을 지키지 않는 것은 죄

악이다. 예컨대 이 단계에서 신앙이 좋다는 것의 의미는 주일 성소를 성실하게 잘 지키고 성경 책 많이 읽고 목사님 말씀을 잘 듣는 것이다. 다른 신앙의 방식은 허용되지 않는다.

2. 절대주의적 믿음

의심의 여지가 없는 절대적이고 완전하며 순전한 믿음을 갖고 있다는 것은 이 단계가 활성화되어 있다는 증거다 .오직 하나의 방식만이 의문의 여지도 없는 절대적 진실이라고 믿는다. 근본주의적 종교, 신화적 문자적 신앙이 대표적이다. '왜 그래야 하는가요?'라고 묻지 않는다. '당연한 것'을 질문하는 것 자체가 우습게 여겨진다. 더욱이 그런 질문은 불안을 야기한다. 과거 혼돈스러운 상태에서 위안을 주었던 것이 절대주의적 믿음인데, 그 규칙에 대해 의문을 던지는 행위는 다시 이 혼돈으로 돌아가는 감정을 불러일으키기 때문이다.

3. 무리 속에서 잘 섞이고 싶은 욕망

이 단계는 특별한 소속감에 끌려 한다. 무리 속에서 잘 적응하고픈 욕망, 도드라지거나 눈에 띄게 색다른 존재가 되지 않으려는 욕망, 호감과 좋은 평가를 받고 싶은 욕망이 발달한다. 옳고 그르던 내 조국이다. 옳고 그르던 내 종교다. 우리 가족이 전부다. 심지어 '이게 아닌데'라는 생각이 들더라도, 굳이 긁어 부스럼 만들기보다는 소속감을 위해 침묵하기도 한다. 집단 속에서 강한 신념으로 자리 잡은 생각은 결코 잘 깨어지지 않는다.

딜레마: 순응만 하다 보면 불합리한 점이 눈에 띄게 된다. "나는 하루 종일 일하고 월급 받는데, 저 친구는 사업해서 내 연봉을 한 달에 버네? 정해진 대로만 사니까 살림살이 안 나아 지네?"

기준과 규칙에 부합하지 않는 사람은 불편함을 느낀다. 다른 것이 틀린 것으로 받아들여지게 된다. 시간이 흐르며 자신의 성향과 맞지 않는 기준, 불합리한 과거의 기준에 얽매이는 것이 불편해지게 되며 다음 의식으로 나아가게 된다.

• 5단계. 합리적, 근대 단계 (Orange meme)

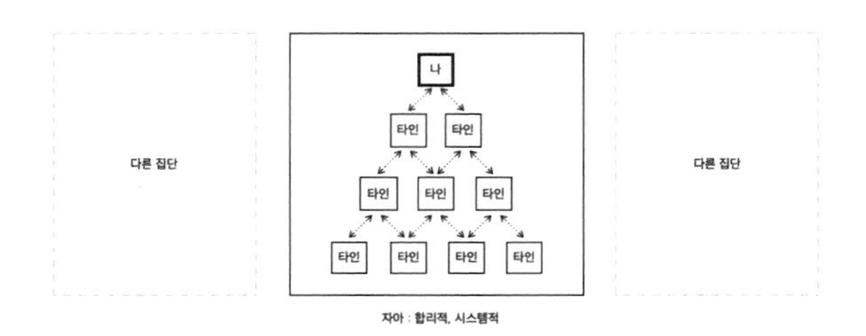

자아 : 합리적, 시스템적

1. 진정한 개인성 발달

진정한 개인성이 발생한다. 개성, 욕망, 자존감, 주체성, 성취, 탁월해지는 것 같은 느낌, 더욱 크고 훌륭하고 위대한 어떤 것을 원하는 느낌, 더욱 칭송받는 느낌에 초점을 맞춘다. 메슬로우의 자아실현의 욕구가 이와 같다.

2023년 기준 우리나라 90년대 생을 보면 이 의식이 가장 발달해 있다. 대학의 무의미함, 퇴직을 준비하는 퇴준생, 사업, 투자 등. 유튜브를 보아도 그렇다. 자청, 신사임당, 월 1000만원, 디지털 노마드, 퍼스널 브랜딩 등. 기존 부모님 세대의 삶의 방식(좋은 대학, 좋은 기업에 취업, 결혼 루트)에서 벗어나, 개성과 성취, 탁월함, 자존감 등을 쫓는 것이 오렌지 밈의 특징이다.

2. 회의적, 합리적 의식

합리적 근대 의식(오렌지 밈)은 이전의 형식적, 절대적 순응 의식(블루 밈)이 만들어낸 집단 질서에 의문을 던진다. 예컨대 '대학 꼭 가야 하나? 교회 꼭 나가야 하나?' 부모님 세대가 들으면 식겁하실 질문을 던진다.

블루와 오렌지의 갈등은 거의 어디서나 찾아볼 수 있다. 부모님 세대의 기준과 질서로 보았을 때는 너무 앞서나가는 듯한 사고방식이 이제는 보편적으로 일어난다. 이 책에서 대학 가기 게임을 걸고넘어지는 질문만으로도 부모님 세대와는 대립이 발생할 수 있다. 대학을 가지 않아도 되는 이유를 아무리 합리적으로 이야기해도, 블루 밈과는 충돌이 일어난다. "그래도 대학은 나와야지.. 전체가 그렇게 행동하는 '당연한' 질서인데.."

역사적으로 보았을 때는 약 300년 전 17~18세기에 유럽에서 일어난 계몽운동을 들 수 있다. 계몽운동은 중세 시대의 인습과 편견에 반발해 일어났다. 국민 모두가 자율적이고 합리적인 사고를 가지고 행동하는 국가를 꿈꾸었다.

블루와 오렌지의 대립은 성경에서도 드러난다. 구약에서 모세가 가지고 온 법률(10계명)은 '하지 마라 법'이다.

1인칭으로 자신만 생각하는 이기적인 의식을 하나로 묶기 위해 강제성을 가진 블루한 차원의 질서다. 하지만 예수가 가지고 온 말씀은 '~ 하는 것이 좋다'라는 권유의 차원이다. 바리새인들은 블루한 차원에서 과거 형식과 규율을 지키기 위해 예수를 욕하고 비난했다. 하지만 합리적 의식을 넘어선 예수는 그 너머의 비전을 이야기한다. 형식을 넘어선 모두의 구원을 이야기했다. 의식이 발달함에 따라 도덕률도 발달한 것이다.

갈등의 핵심은 이렇다. 블루 밈의 관점에서는 '기존 질서를 개선'하고자 하는 오렌지 밈의 질문을 자신들이 쌓아온 '기존 질서를 붕괴'한다고 생각한다. 이유는 그 이전 단계인 권력신 단계(레드 밈)로 퇴보한다고 인식하게 되기 때문이다. 쉽게 풀자면 권력신 단계는 자기 자신만 생각하는 1인칭 '나'의 관점에서 질문을 던진다. 때문에 블루밈은 기존 질서에 질문을 던지는 행위를 질서를 붕괴시킨다고 생각한다. 하지만 오렌지 밈은 더 효율적으로 목표를 달성하기 위해 3인칭 '그것'의 객관적인 차원에서 질문을 던진다. 합리적으로 기존 질서를 개선하고자 하는 관점이다. 블루밈 이러한 오렌지 밈의 관점을 아직은 인식할 수 없기 때문에 진보와 퇴보를 혼동한다.

3. 가치의 상실

오렌지 밈은 질보다는 양을 따진다. 눈으로 측정할 수 있는 것에 의미를 둔다. 그러한 의식을 바탕으로 자본주의를 태동시켰다. 나아가 기계 문명의 발달로 인류에게 물질적 풍요를 주었다. 하지만 긍정적인 면이 있으면 부정적인 면이 있듯, 물질을 중시하고 질적인 측면(의미와 느낌, 감성, 가치 기준)에 대해서는 도외시하는 문화가 발생하게 된다.

오렌지 밈은 이렇게 생각한다. "의미가 밥 먹여주냐? 일단 돈 잘 버는 게 실질적이고, 그러고 나서 잘먹고 잘사는게 풀려야 다른 생각하지 뭔 의미같이 눈에 보이지도 않는 데 시간과 노력을 쏟냐?"

하지만 인간은 물질로만 살지 않는다. 이 세상에서 어떻게 행동해야 할지에 대한 명확한 가치 기준을 필요로 한다. 돈을 원해서 돈을 좇아도 결코 행복해 지지는 않는다. 얼마나 많은 부자들이 자살을 시도하는지 보라! 의미를 잃으면 끝없는 불안이 기다리고 있다. 결국 무너진다.

인류 전체도 그렇다. 오렌지 밈은 우주가 기계적으로 작동하고, 그 기계가 만들어낸 인간은 유전자를 합리적으로 전달하는 것이 최대 목표라고 생각한다. 그러한 의식이 만들어 낸 것은 20세기 수 천만의 사상자를 낸 1, 2차 세계대전이다.

또 지금 시대 강대국이라 불리는 국가는 저마다 핵무기를 비축하고 있다. 한 개인으로 바꿔서 생각하면 미친 일이다. 창고에 수천수만 발의 총알과 대포를 비축하고 있는 아저씨를 상상해 보라. 인간은 의미를 잃으면 결국 공멸하고 만다.

오렌지 밈의 한계는 합리적인 것이 아니면 모두 거부한다는 것이다. '수학적으로 측정할 수 없고, 눈에 보이지 않기 때문에 우주에는 의미란 없다.'라고 주장한다. 하지만 사실 수학도 눈으로 측정할 수 없는 마음을 활용한다.

예컨대 7은 실물로 존재하지 않는다. 7은 없다. 보이지 않는 마음을 활용해 만들어낸 것이다. 고로 의미는 실재한다. 다만 우리 눈이 볼 수 없을 뿐이다. 진짜 이성적이고 합리적인 사람은 인간이 합리적이지 않다는 것을 아는 사람이다.

딜레마 : 아무리 계획을 철저하고 합리적으로 해도, 예측되지 않는 것들이 존재한다는 것을 깨닫게 된다. 또 물질이 아무리 풍부해도 내면의 허무함이 남는다는 것을 인식하게 되면서 다음 단계 의식이 발달한다.

• 6단계. 탈근대, 다원화 단계 (Green meme)

포스트모더니즘(그린 밈)은 근대의 한계를 극복하기 위한 여러 가지 시도들을 통칭하는 표현이다. 수많은 시도가 있지만, 지면 상 2권 〈인생의 킹핀, 사랑의 단계 = 갈등의 종결〉에서 더 이야기하도록 하고 이 책에서는 핵심만 이야기하도록 하자.

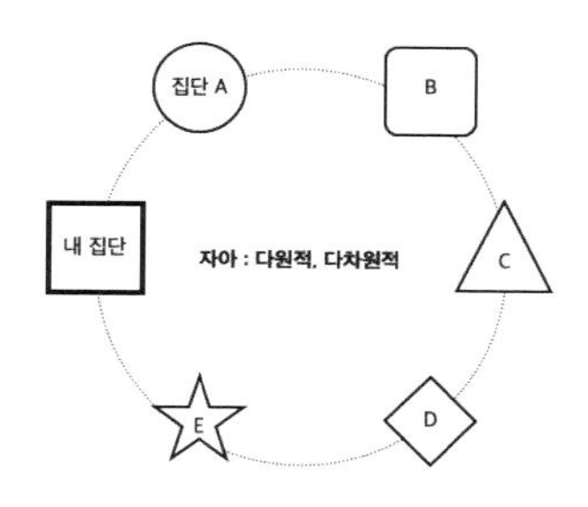

1. 섬세한 공감

“현실은 해석하기에 따라 달라진다.” 포스트모더니즘은이 중요한 한 가지 진리를 바탕으로 한다. 눈에 보이는 객관적인 실체를 다루었던 오렌지밈은 해석의 여지를 두지 않는다. 수치와 측정을 다루는 ‘과학’을 떠올려보면 된다. 이와 반대로 그린 밈은 현실 그 이면의 생각과 사유, 느낌과 생각을 더 중요시한다.

각자가 세상을 인식하는 다른 방식에 대해 섬세한 공감, 감정적 수용을 중요하게 여긴다. 욜로, 다양성, 페미니즘, 소외계층을 위한 녹색정당, MZ 세대, 2000년대 생들의 기성세대의 눈치를 보지 않고, 자신만의 문화와 색깔을 존중받기 원하는 욕구도 이와 같다.

또 각자가 다른 감정과 생각들이 있다는 것을 전적으로 이해하고 인정한다. 1인칭도, 2인칭도, 3인칭도, 4인칭도 모두 존재할 수 있다. 공존. 평등, 공감, 수용과 포용, 공동체, 친환경 등이 그린밈 의식의 특징이다. 다른 차원과 맥락을 이해한다는 관점에서 매우 높은 단계의 의식이다.

2. 위계 질서 붕괴

그린 밈은 세상을 평등의 관점으로 보기에 누군가를 억압하는 권위적인 위계를 부정한다. 이는 당연히 옳은 것이다. 하지만 그린 밈은 자연스러운 위계와 권위주의적인 위계를 구별하지 못하는 우를 범하기도 한다. 자연스러운 위계는 더 옳은 것, 즉 질적인 가치다. 선악을 판별하는 전통적인 기준이라고 볼 수 있다. 하지만 이러한 질적인 위계를 붕괴시키면 어떻게 될까? 캐나다에서 2017년 통과시킨 법안 C-16 은 '젠더 표현'과 '젠더 정체성'을 인권으로 보장하고 그에 대한 반대를 증오범죄로 규정했다. 쉽게 이야기하면, 내가 오늘 기분이 '마치 무지개빛처럼 항상 변하는 성 정체성과 비슷하다'고 말하면 그렇게 될 수 있다. 그리고 그 사람에게 "아니요. 당신은 여성이에요."라고 말하면 증오범죄로 처벌을 받는다. 이로 인해 의학계 한 군데만 생각하더라도 가지고 올 파장을 생각해 보자. 임산부에게 처방을 내려야 하는데, 여성인지 남성인지 판별하는 것 자체가 불법이다!

이러한 가치 위계 또한 권위주의적인 억압으로 바라본다면 기존 가치 체계와 이어진 사회 질서까지 붕괴 시킬 우려가 있다. 질적으로 더 옳은 것은 있다. 그래야만 결정을 내리고 행동할 수 있기 때문이다.

3. 자기모순적 한계

"현실은 당신이 어떻게 해석하는지에 따라 달라져요. 때문에 당신에게 진리인 것이 당신에게는 진리죠. 전 당신에게 어떠한 생각도 강요할 생각이 없어요. 우리는 공존할 뿐이랍니다."

'너도 옳고, 나도 옳다. 고로 우리 모두는 옳다.'라는 생각은 언뜻 가슴 따듯한 이야기처럼 들릴 수 있다. 하지만 곰곰이 생각해 보자. A라는 사람이 있다. A의 생각과 행동은 자기 자신과 사회에 전혀 도움이 되지 않을 수 있다. 하지만 그린밈은 A의 생각도 그 사람이 해석하는 관점과 생각이니 어떠한 생각이든 존중받아야 한다고 주장한다.

그리고 이렇게 반문할 것이다. "Rebel, 당신이 주장하는 킹핀' 같은 주장도 '하나의 세상을 바라보는 방식'이지, 결코 그 자체로 '올바른 것'이라고 할 수 없어요!" 그린밈 의식은 어떤 보편적인 질서나 권위도 있을 수 없다고 주장한다. 만약 그러한 것이 있다면 이는 '자신들의 고유한 믿음과 가치를 타인들에게 강요하려는 하나의 방식, 억압과 지배를 위한 획책'에 지나지 않는다고 말한다.

하지만 그린밈의 주장은 그 자체로 모순을 품고 있다. 그린밈은 '어떠한 권위도 있을 수 없고, 어떠한 생각도 그 자체로 존중받아야 한다'고 주장한다. 하지만 정작 그린밈 본인들은 자신의 주장이 보편적이라고 주장한다. 그 어떤 주장도 진리일 수는 없지만, 이 주장 자체는 만고불변의 진리라는 것이다! 또 어디에도 더 우수한 견해가 없다고 주장하면서도 자신의 견해는 더 우수하다고 말한다!

그린 밈이 빠질 수 있는 가장 큰 함정은 교묘한 오만이다. 모든 사람을 동등하게 대하면서도, 사실 자신의 믿음과 다르게 생각하는 사람들에게 전혀 동의하지 않는다. 나도 옳고 너도 옳으니, 내 관점은 옳은 것이 맞다. 그들의 생각 이면에는 자신의 관점을 강요해서 그들이 자신의 관점을 주제넘게도 타인들에게 강요하지 못하도록 하고 싶은 심리가 숨어있다.

모두가 옳다는 주장은, 반대로 말하면 내가 가장 옳을 수 있다는 생각과 같다. 역설적으로 자신의 주관이 더 강해지는 모순이 발생하는 것이다. 이런 태도를 바탕으로 그린 밈은 자신과 관점을 공유하지 않는 사람들을 은근히 혐오한다. 자본주의나 사업, 이윤, 성취를 좇는 오렌지밈을 물질만 쫓고 의미는 없는 좀비처럼 여긴다. 전통적 가치, 블루밈은 쳐다도 보지 않는다. 킹핀과 같은 통합적 가치도 혐오한다. 지금 우리가 논하고 있는 의식의 단계와 같은 메타 내러티브도 있을 수 없다고 본다. 사실 이렇게 판단하는 것 자체가 그린밈이 가장 싫어하는 위계이며 순위를 세우는 일임에도 말이다.

탈근대 운동이나 사상을 접할 때는 이런 자기모순적 경향에 주의를 기울여야 한다.

딜레마 : 실질적으로 문제가 해결되지 않는다. 어느 순간에는 결론을 내리고 행동으로 옮겨야 한다. 결국 누구에게도 손해를 끼치지 않는 선택은 있을 수 없다. 결론이 나오지 않는다. 결과는 없고 말만 많은 해결책, 지엽적인 해결책이 나오게 된다.

• 7단계. 통합적 자아 단계 (Yellow meme)

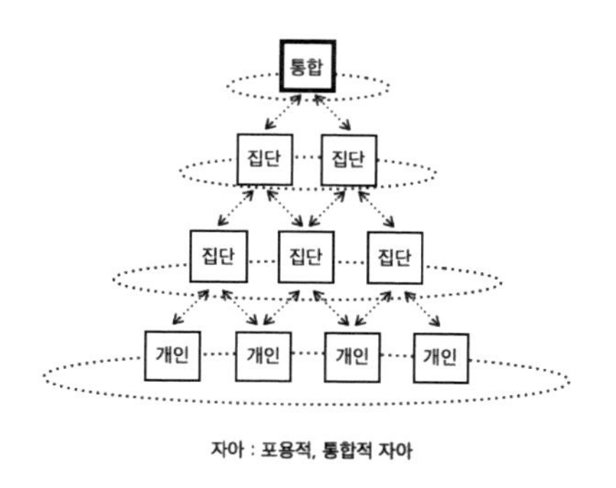

자아 : 포용적, 통합적 자아

윌버에 따르면 앞 6단계를 '첫 번째 층 tier.1' 이라 부른다. 7단계 이상부터는 '두 번째 층 tier.2' 라고 부른다. 첫 번째 층이 '결핍의 단계'였다면, 이 단계부터는 '존재의 단계'가 된다.

첫 번째 층은 부분적이고 배타적이다. 서로 다른 의식끼리 갈등을 겪는다. 또 어떻게든 다른 의식과 분리하려는 경향이 있고 결핍감에 의해 움직인다. 반면에 두 번째 층은 포괄적, 포용적, 종합적, 통합적이며 풍요의 느낌에 의해 움직인다. "어떤 단계보다도 10배는 더 큰 의식", "의식의 퀀텀 점프"라고 표현한다. 약 몇 십 년 전에 등장한 완전히 다른 유형의 발달 단계다. 전 세계에 인구 중 약 5%가 이 의식에 도달했다. 아직 이 단계에 있는 사회나 국가는 존재하지 않는다.

1. 다양성을 꿰뚫는 기준

옐로 밈의 가장 큰 특징은 다양성을 포함하면서 꿰뚫는 기준과 질서를 가진다는 것이다. 쉽게 말해 지금 이 의식의 8단계도 이 통합적인 의식이 만들어낸 시도다.

한 개인으로 살펴보면, 모든 의식의 단계를 포함하면서도 갇히지 않는다. 1, 2, 3단계를 거치며 내가 특별한 사람임을 느끼되, 그 자체가 되어 이기적으로 행동하지는 않는다. 4단계의 충직함과 성실한 태도로 전통적인 생각을 받아들이되, 관습에 얽혀 있지 않는다. 5단계에서 도전과 성취에서 즐거움을 얻되, 그 자체에 매몰되지 않는다. 6단계의 다양한 가치를 존중하고 수용하되, 가치 기준을 잃어버리지는 않는 사람이다. 모든 의식을 포함하되 초월한 상태다. 통합적, 포용적, 포괄적, 전체적이라고 표현할 수 있다.

이 책에서 다루는 사랑의 원리들도 통합적인 기준이다. 예컨대 Pin.2 인간관계 장에서 나오는 관계를 유지하기 위한 기준들은 다양한 상황에 접목될 수 있으면서도, 단일 상황을 넘어서는 기준이 되어준다.

2. 진정한 이타심의 시작

첫 번째 층에서는 항상 갈등이 일어난다. 서로 다른 의식을 이해할 수 없기 때문이다. 하지만 두 번째 층으로 올라서면 마치 물처럼 어떤 의식과도 갈등하지 않고 공존할 수 있게 된다. 모든 단계가 왜 의미가 있는지를 알고 있고, 그 한계에 대해서도 이해하고 있기 때문이다. 모순이 없어지고 통합된다.

진정한 이타심은 이 의식에서 시작된다. 그린밈처럼 감성에만 집중한 지엽적인 해결책에 갇히지 않고, 오렌지 밈처럼 감성을 배제한 물질적인 해결책에만 집중하지 않는다. 처음으로 사고와 느낌이 단단하게 결합된다.

현실을 더 객관적으로 이해할수록 공감의 폭은 더 늘어난다. 전체가 더 나아질 때 개인에게 돌아가는 보상도 돌아 온다는 킹핀 개념을 진정으로 이해하게 된다. 창조성, 인식, 포용, 사랑, 배려가 점점 더 커져나간다.

• 8단계. 전일적 질서 단계 (Turquoise meme)

전체 인구의 0.1%도 되지 않는다. 첫 번째 층의 전 합리적인 의식(블루 이하), 합리적(오렌지), 다원적 의식(그린)을 거치고, 두 번째 층의 통합적인 의식(옐로)을 거쳐, 초 합리적인 의식(터콰이즈 밈)이 등장하게 된다. 눈으로 보이지 않는 초월적인 자아를 인식하게 되는 단계다.

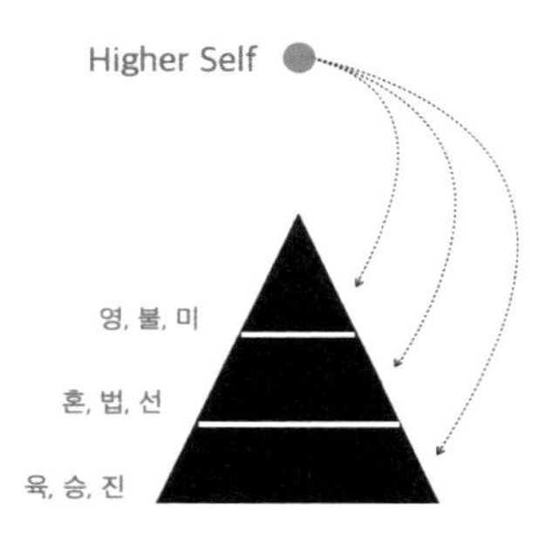

오렌지 밈의 관점에서 보면, 8단계 터콰이즈 밈은 추상적이고 뜬구름 잡는 소리처럼 들리거나, 혹은 환상에 사로잡힌 퍼플 밈의 묘사처럼 느껴질 수 있다.

실체의 차원에서 모든 것은 하나로 이어져 있다. 우리의 진짜 실체는 사랑 에너지다. 모든 의식의 단계는 사랑으로 모두 이어져있다. 기독교 식으로 이야기하면, 우리는 육신을 넘어선 '영'이다. 불교 식으로 이야기하면, 색(현상)의 세상을 넘어선 '궁극 공'(원인)의 상태다. 현대 과학으로 표현하면, 물질적 세상을 넘어선 무한한 가능성을 품은

'양자 에너지'이다.

우리는 그 자체로 무한한 가능성이며, 무엇이든 이룰 수 있는 존재다. '모든 것을 더 좋게 만드는, 선함으로 나아가는 우주 전체 창조의 에너지', '사랑의 에너지'다. 그것이 나의 진짜 모습이다.

Pin.6 의미 장에서 '죽음이 남기고 간 기쁨'에서 간략하게 이 의식을 조금이나마 묘사했다. 우리는 그 어떤 것도 조건 지어지지 않은 사랑임을 인식하게 된다.

사랑은 분별하지 않는다. 하지만 우리 마음은 항상 자신이 만들어낸 기준들로 경계를 만들고 그 경계를 현실로 받아들인다. 모든 경계는 사실 허상이다. 내 몸, 생각, 감정, 느낌의 실상은 내 마음이 만들어 낸 경계다. 터콰이즈 밈은 경계를 자유롭게 활용하지만 결코 자신과 동일시하지 않는다.

쉽게 말해서 당신이 아무리 상세한 지도를 만들어낸다고 해도, 심지어는 VR로 현실과 분간할 수 없을 정도로 현실적인 지도를 만든다고 해도, 하와이에 가서 실제로 경험하는 것은 다른 문제다. 마찬가지다. 이전 의식에서는 보이는 지도와 진짜 자기 혹은 순수한 보는 자를 동일시한다. 이로써 스스로를 얽매고, 자신의 무한한 가능성을 끌어내린다. 유한하고 제한적이고 부분적이며 쪼개진 영역으로 자신을 몰아넣는다. 이로 인해 끝없는 고통과 실망을 피하지 못한다. 삶은 끝없는 불만과 고통, 충족되지 않는 순간들로 가득 차버린다.

우리는 모든 것의 원인이지만 결코 그것이지 않다. 이를 깨달을 때 진정한 자유를 얻게 된다. 터콰이즈 밈은 옳은 것을 쫓되, 선악을 가르지 않는다. 모든 것은 이유가 있음을 안다. 옳고 그름을 나누지 않는다. 모든 갈등이 종결된다. 모든 의식을 활용하고, 또 그 너머에 있는 진정한 비전을 그릴 수 있게 된다. 당신은 이유도, 조건도 없는 사랑임을 인식하게 된다.

이 의식을 향해 나아가는 여정에 대한 구체적인 내용은 〈인생의 킹핀 : 사랑의 단계 = 갈등의 종결〉이라는 제목으로 24년 초 출판될 예정이다.

인생은 사랑을 향해 나가는 여정이다.

9 Pin.

성장

성장의 네비게이션

9 Pin. 성장

성장의 네비게이션

대학가기 게임의 세뇌 : 성장은 성적순이다.

킹핀 라이프스타일 : 성장을 이끌어 주는 나만의 '네비게이션'을 가진다.

Problem. 성장이란 무엇인가?

'성장'이 뭘까? 이 책을 여기까지 읽은 분이라면 삶이 더 나아지기를 원할 것이다. 하지만 항상 의문이 뒤따른다. 책 열심히 읽고, 자기 계발 열심히 하고 혹은 좋은 대학 나오고, 학문적인 지식을 많이 쌓으면 그것이 잘 성장하고 있는 것일까?

도대체 성장이란 무엇일까? 유교의 이상과 그 실현 방법을 다룬 〈대학〉에는 성장에 대한 정의가 담겨있다. "수신제가 치국평천하 (修身齊家 治國平天下)." "무릇 큰 공부를 하는 자들은 평천하를 이루기 위해 즉, 온 땅에 평화가 가득한 상태를 꿈꾸어야 하고, 이를 위해 국가를 잘 다스려야 하며, 국가를 잘 다스리기 위해서는 가정을 잘 이끌어야 하며, 가정을 잘 이끌기 위해서는 내 몸은 바로 닦아야 한다."

성장이란 적어도 내 진로 문제, 돈 문제, 행복 문제, 가정을 잘 이끄는 문제는 확실하게 해결해 낼 수 있는 사람이 되어야 하며, 나아가 사회와 인류를 위한 마음의 크기와 실력을 지닌 사람이 되어야 한다는 의미이다. 즉 성장을 이렇게 정의할 수 있다.

'해결할 수 있는 문제의 범위가 넓어지는 것.'

하지만 아무리 성장을 꿈꾸는 사람들도 대학가기 게임의 세뇌에 푹 잠겨있었다면, 마음 한켠에는 이런 생각이 든다. '내가!? 뭘 굳이 평천하까지 이뤄야 해? 난 그 정도 사람 아니야."
못한다는 느낌과 생각이 올라온다. 그 상태에 서는 결국 성장하기 위해 책도 읽고, 세미나도 나가고, 비 싼 강의도 들어보아도 어떤 변화도 이루어내지 못하는 경우가 많다.

나아가 성장하는 데 있어서 가장 중요한 것은 누군가와 협력하고 마음을 모으는 일이다. 하지만 내 경험상 회사를 다닐 때 나를 포함한 주변 사람들을 보면 회사에 앉아서도 다른 생각을 하고 있었다. 부업에 대한 고민이나 진로 고민 등. 그래서 시키는 일이 아니라면 능동적으로 어떤 일을 나서서 하지는 않게 되곤 했다. "회사 직원은 시키는 것 하는 게 당연한 거 아니냐" 라고 되묻기도 하며 내 답답한 마음을 합리화하곤 했다. 하지만 사장이 되고 나서 피부로 깨달았다. 아무리 실력 좋고, 자금과 자원이 많아도, 사람의 마음이 모이지 않는다면 결코 큰일을 일으킬 수 없다는 것이다.

문제가 뭘까? 나는 세뇌 따위를 탓하고 싶지 않았다. 문제는 모두가 함께 마음 모아 성장할 수 있는 체계를 만들지 못한 것이 문제였다.

치열하게 고민했다. 그렇게 수년간 성공자들, 동양의 고전, 현대 인간의 발달 과정, 변화에 대한 것 모두를 찾고 정리했다. 그렇게 개인과 조직에 접목할 수 있는 일관된 성장의 체계를 만들어낼 수 있었다.

그렇게 만들어 낸 것이 속해만 있어도 자연스럽게 성장을 유도하는 '인생의 내비게이션 시스템'이다.

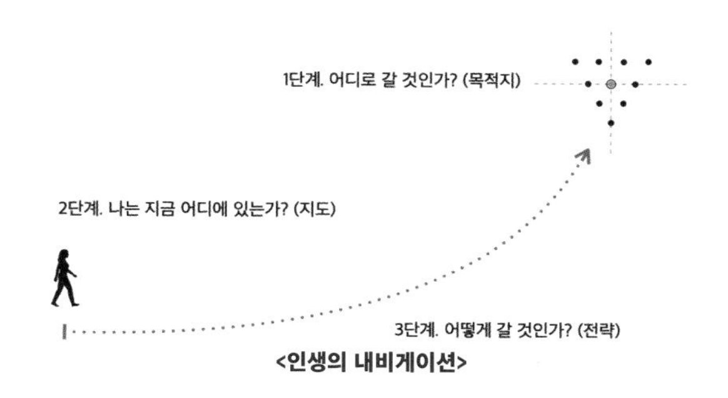

<인생의 내비게이션>

인생의 내비게이션은 총 3가지 단계로 이루어져 있다.

1단계 : 목적지를 밝힌다.
2단계 : 내 상태를 파악한다.
3단계 : 전략을 짜고 실행한다.

다시 말하자면 왜 해야 하는지, 지금 어떤 상태인지, 어떻게 할 것인지 'Why, What, How'를 명확하게 하는 것이다. 구체적으로 하나씩 살펴보자.

● Solution Step.1
명명덕 : 모두가 공유하는 덕을 밝힌다

각 개인도 그렇지만 스타트업이나 각 회사에서 직원들을 함께 마음 맞추어 나가지 못하는 본질적인 이유가 있다. **모두 머릿속에 다른 그림이 있기 때문이다.** 비전 회의나 목표 수립을 통해 가야 할 방향을 정해 놓았을 수는 있다, 하지만 언어가 같을 뿐 사람들은 서로 다른 욕구, 다른 감정을 가지고 목표를 인식한다.

"다 다른 생각을 맞춘다는 게 가능하기나 한 소리냐? 그거 강요 아니냐?"라고 되물을 수도 있다.

하지만 항상 답은 있다. **모두가 함께 공유할 수 있는 방식으로 '선을 밝혀 놓는 것'이다.**

예컨대 '의미' 장의 '마조히스트 마인드'라는 원리를 떠올려 보자. 마조히스트 마인드를 아는 사람들은 문제를 만나면 머릿속에 이런 그림이 그려진다. '고통을 마주하고 더 큰 성취로 만들어 냈던 송재형 팀장! 나도 그 사람처럼 책임지고 문제를 해결해야지.' 그렇게 행동할 때 자신과 조직 전체에 이득이 된다는 것을 알고 있기에 결국 그렇게 행동한다. 쉽게 말해서 문화적으로 공유되는 영웅 스토리를 만들어 놓는 것이다. 이 스토리와 반대로 행동하는 일은 자신과 조직에 악영향을 주게 된다는 사실을 모두가 공유하고 있으니, 자연스럽게 마음이 선함으로 모이게 된다.

하지만 대부분의 사람과 기업은 한 사람을 '한 영역의 기능'으로 정의해 놓는다. 즉 "~하면 ~하세요!"라는 매뉴얼을 짜놓고 시키는 대로 하면 보상을 주는 시스템이다. 이 시스템에 익숙해진 사람들이 예상치 못한 어떤 문제를 만났을 때는 어떻게 행동하게 될까? "안해봤는데요.." 문제는 해결되지 않는다.

이 책 〈인생의 킹핀〉에서 적어 놓은 모든 원리는 이를 뜻한다. 인생의 목적지인 사랑이야말로, 나와 너 우리가 모든 것을 얻는 수 인지에 대해 설명하면서, 구체적으로 사랑이 무엇인지를 각 상황에 맞는 스토리로 정리해 놓았다.

'성장의 시작은 모두가 공유할 수 있는 선을 밝히는 것'이다. 이는 동서양 경영의 대가들이 공통적으로 말하는 성장의 방식이다. 증자는 〈대학〉에서 모두가 풍요를 누리는 유교의 이상 사회를 실현하기 위한 지침을 이렇게 이야기한다. "大學之道는, 在明明德 하며, 在新民 하며, 在止於至善이니라." 쉽게 풀자면 이런 뜻이다.

큰 배움의 길을 가고자 하는 자(大學之道)는 우선 '명명덕(明明德)'. 해야 한다. 명명덕에서 '덕'을 수식하는 명이 하나 더 붙어있는 의미는 '모든 사람이 공유할 수 있는 덕을 밝힌다는 뜻'이다. 즉 나 혼자만 알고 있는 선을 이야기하기 보다, 모두가 함께 공유할 수 있고 공생할 수 있는 원리를 밝히는 것이다.

핵심은 구체적으로 표현하는 것이다. 바로 이 책 전반에 걸쳐 우리가 해왔던 모든 작업이다. 우리는 지금까지 '사랑이 무엇인지'를 구체적으로 '명명덕' 해왔다. 다음 구절을 살펴보자.

신민(新民). "그렇게 한다면, 그것으로 말미암아 백성이 새로워질 것이다".라는 뜻이다. 신민이 아닌 친(親)으로 해석하는 경우도 있다. 어찌 되었든 '명명덕' 하면 "함께 즐거워지며, 모두가 마음에 선함을 품게 된다는 의미이다. 마지막 구절이다.

지어지선(止於至善). "그렇게 되면, 지극한 선에 머무르게 될 것이다." 모두가 이기는 킹핀 라이프스타일이 펼쳐지는 것이다.

눈에 보이는 결과를 만들어 내야 하는 현대 경영에서도 '명명덕'을 가장 강조한다. 현대 경영의 구루 중 구루라 불리는 톰 피터스는 〈탁월한 기업의 조건〉에서 이렇게 이야기한다. "하드한 것은 약하고, 소프트한 것은 강하다. 당신도 수치, 계획, 조직도, 보상, 매뉴얼 등 하드한 요소에 얽매여 사람, 관계, 문화와 같은 소프트한 요소엔 무신경하지 않은가?" 그는 소프트한 것의 힘을 30년간 설파하고 있다. 경영 컨설팅 그룹 맥킨지가 정리한 〈세계 최고의 CEO는 어떻게 일하는가〉도 동일한 통찰을 전한다. "세계 최고의 CEO들은 소프트한 가치를 하드하게 다룬다."

나는 명명덕의 힘을 경험으로 안다. 〈학교를 세운다〉 사 무실에 방문한 고객들은 팀원들이 10시 11시까지 퇴근을 하지 않는 모습을 보고 놀래곤 한다. 사람들은 자발적으로 회사가 어떻게 하면 더 성장할 수 있을지 고민한다. 인턴으로 온 친구들도 돈 한 푼 받지 않고 일하고 싶다고 찾아온다. 열정 페이 같은 말이 한물 간지 오래된 지금 20대 초 반 친구들에게도 열정이 샘솟기 시작한 것이다.

팀원들은 모두가 자신이 무엇을 왜 하는지 정확히 안다. 내가 왜 이 회사에 존재하는지, 나로 인해서 회사가 어떻 게 더 효율적이고 가치있게 변화할 수 있을지, 어떻게 하 면 고객들이 만족할 수 있을지, 우리가 주는 가치가 어떻 게 하면 잘 전달될 수 있을지를 고민하고 자발적으로 개 선한다. 제공되는 가치가 커지는 만큼 성장의 속도가 압도 적으로 빨라지고 있다.

자발적으로 일하는 팀원들. 모두의 마음을 하나로 모을 수 있는 이상적인 회사는 꿈이 아니다. 성장의 시작은 모두가 공유할 수 있는 덕을 밝히는 것이다.

Key Point. 변화의 시작은 나로부터

자, 이제부터는 구체적으로 성장의 방향과 방법을 이야기해 보자! 〈대학〉에서는 구체적인 공부 방향을 제시하기 위해, 우선 성장의 근본을 철저하게 파고들기 시작한다. 천재들의 사고방식을 함께 따라가 보자!

"평천하를 이루려는 자들은 먼저 나라를 잘 다스려야 하고, 나라를 잘 다스리려면 우선 집안을 가지런히 해야 하며, 집안이 가지런해지려면, 먼저 내 몸을 바로 닦아야 한다. 천자부터 일반 평민에 이르기까지 모두 한결같이 몸을 닦는 것을 근본으로 삼아야 한다. 근본이 어지러우면서 말단이 다스려지는 경우는 아직 없었다."

모든 변화의 시작은 그 책임이 나에게 있다는 통찰이다. 책임에 대해서는 이 책에서도 일관되게 이야기해 왔다. 외부에 원인을 둔다면 결코 아무것도 변하지 않는다. 하지만 현실에서 갈등과 고통을 겪을 때 결국 내가 변해야 함을 받아들이기는 참 쉽지 않다. 때문에 그 책임은 누군가에게 넘기고 싶은 마음이 불쑥불쑥 올라오곤 한다. 그럴 때마다 동서양 천재들의 가르침을 듣고 있으면 위로와 용기를 얻게 된다.

리사 펠드먼 배럿은 심리학 신경과학 분야에서 논문이 가장 많이 인용된 과학자 중 상위 1%에 속하는 뇌과학 권위자다. 그녀는 〈이토록 뜻밖의 뇌과학〉에서 이렇게 이야기한다.

"우리가 어렸을 때는 뇌 발달에 부모의 영향을 받을 수밖에 없다. 하지만 어른이 되면 달라진다. 스스로 결정하고 만들어 나가는 삶을 당신 스스로 설계할 수 있다. 뇌는 변하기 때문이다"

심리학자 알프레드 아들러는 〈다시 일어서는 용기〉에서 이렇게 말한다. "어떠한 경험도 그 자체는 성공의 원인도 실패의 원인도 될 수 없다. 우리는 자신의 경험에서 받은 충격, 소위 트라우마로 괴로워하는 게 아니라 경험 속에서 자신의 목적에 걸맞은 것을 찾아낸다. … 의미는 상황에 따라 결정되는 것이 아니라 우리가 상황에 부여하는 것이다." 이들의 가르침은 우리의 삶은 충분히 스스로 바꿔 나갈 수 있다는 용기를 준다.

조던 피더슨은 심플한 인생의 지침으로 가르침을 준다.

"큰 꿈, 회사 운영, 거창한 비전 운운하기 전에, 네 방부터 치워라!" 변화의 책임은 나 자신에게서부터 시작된다는 말이다.

나는 용기도 좋지만, 변화를 위한 구체적인 방법을 원했다. 당신도 그럴 것이라 생각한다. 나부터 변하기 위해서는 구체적으로 무엇부터 해야 할까?

공자의 제자이자 〈대학〉을 편찬한 증자는 이렇게 이야기한다. "격물치지 성의정심(格物致知 誠意正心) 수신제가 치국평천하(修身齊家 治國平天下)" 그의 이야기를 찬찬히 살펴보면 변화를 위한 핵심 통찰이 잘 드러나있는 것을 알 수 있다.

"몸을 닦으려면 우선 마음을 바르게 하여야 하고, 마음을 바로잡으려면, 우선 자신의 뜻을 정성스럽게 하고, 자신의 뜻을 정성스럽게 하고자 하면 먼저 자신의 앎을 지극한 경지에 이르도록 한다. 자신의 앎을 지극한 경지에 이르도록 하는 일은 사물의 이치를 깊이 연구하여 밝히는 데 있다."

"모든 사물의 이치를 철저하게 탐구한(격물) 다음에 앎이 지극한 경지에 도달(치지)하고, 앎이 지극한 경지에 도달 한 다음에 뜻이 정성스러워(성의)지며, 뜻이 정성스러워진 다음에 마음이 바르게(정심) 되고, 마음이 바르게 된 다음에 몸이 닦이(수신)고, 몸이 닦인 다음에 집안이 바로잡히(제가)고, 집안이 바로잡힌 다음에 나라가 잘 다스려지
(치국)고, 나라가 잘 다스려지면 천하는 태평(평천하)하게 될 것이다."

내 변화와 성장을 위한 가장 본질은 사물의 이치를 파악하여 앎을 얻는 것이다. 지금부터 구체적으로 적용해 보자!

Solution Step.2

변화의 시작 : 격물치지 성의정심

격물치지 (格物致知)

'사물을 탐구하여 자신의 앎을 지극히 한다.'

가장 복잡하면서도, 연구가 잘 되어있는 사물이 뭘까? 바로 인간이다. 그렇다. 변화의 가장 근본은 인간 본성에 대한 이해를 쌓는 것이다.

지금 이 시대에는 책상에 앉아서 인간이 쌓아온 모든 동서양의 지식과 정보를 접할 수 있는 시대다. 이를 쭉 책상 위에 펼쳐놓고, 인간에 대한 지식을 바라보면, 일관된 하나의 패턴을 발견할 수 있다. 인간의 역사, 성장, 진화, 인식 체계, 의식의 발달, 철학 사조 등. 인간이 어떻게 변화해왔는지에 대한 일관된 흐름이다. 마치 인간이 세상을 바라보는 16K 고화질의 지도를 얻게 되는 것과 같다.

욕망 장에서 이야기했던 '의식 성장의 8단계 모델'이 이와 같다. '의식 성장의 8단계 모델'은 인간 발달의 객관적인 측면을 다룬다. 반대로 인간의 내면이 어떻게 작동하는지에 대한 모델도 존재한다. (〈인생의 킹핀 2〉에서 자세히 다룰 것이다.) 인간의 성장은 객관과 주관, 두 가지 측면이 함께 맞물려 성장하게 된다 성장의 주관적 측면은 쉽게 말하자면, 사랑으로 나아가는 내면의 감정을 돌아보는 것이다. 가장 낮은 의식인 죄책감, 수치심, 두려움, 슬픔부터 분노, 욕망, 자부심을 따라 발전하는 의식의 상태를 살펴보게 된다. 그러면 내 마음이 부정적인 에고가 어떻게 나에게도 사람들에게도 도움이 되지 못하는지를 알게 되고, 또 어떻게 자기 자신이 스스로를 해하고 있는지를 알 수 있게 된다.

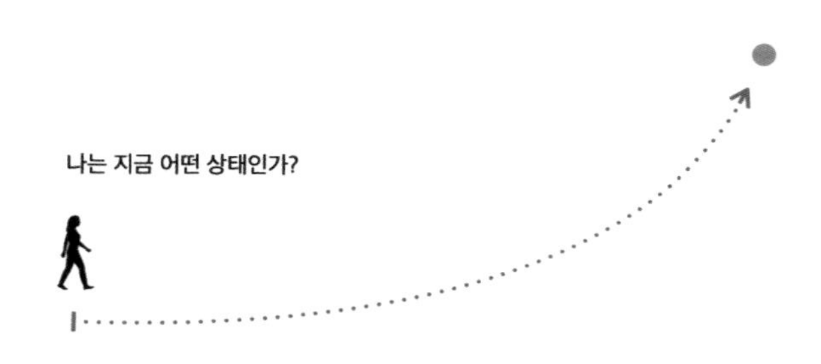

감정을 인식하면 놓아버릴 수 있다. 그렇게 하나하나 양파껍질처럼 내가 아닌 것에 대해 내려놓다 보면, 결국 내 내면의 사랑을 깨닫게 된다. 이미 내 안에 풍요가 존재한다는 사실, 이미 나는 풍요롭다는 사실, 이유 없는 사랑의 마음이 내 안에 있음을 자각하게 된다. 친절, 사랑, 감사, 평화, 연결감, 용서, 활기, 풍요 등. 내면의 신성을 실제로 자각하게 되는 것이다.

이 앎이 조직 전체에 퍼져 있으면 어떻게 될까? 조직 전체가 선함으로 나아간다.
예컨대 한 사람이 자신의 성과에 자부심을 강하게 드러내면서, 자신이 가장 인정받기 원한다. 물론 이는 좋은 것이다. 하지만 과해진 나머지 고객에게조차 은근히 무례하게 대하는 때가 생긴다. 기존 집단에서는 굳이 긁어 부스럼 만들고 싶지 않으니 피드백을 주기 꺼려 한다.

하지만 격물치지를 함께 한 사람들은 '왜 이 팀원이 저렇게 행동할 수밖에 없는지'에 대한 이야기를 당사자와 함께 나눈다. 서로 "어 너 지금 자부심의 마음이 커지면서 고객에 대해서 관심을 가지기 보다, 너의 인정받고 싶은 마음이 더 중요시되고 있는 것 같아." 같은 피드백이 가능해지는 것이다.

집단에 속한 사람들은 자연스럽게 자신이 가진 집착에서 벗어나게 된다. 부정적인 프레임. 두려움, 걱정, 죄책감, 허영심, 분노, 선망, 탐욕, 험담, 위선, 증오, 수치심 질투, 자기중심성. 판단. 결핍. 어차피 죽으면 덧없을 것들에 투자하지 않게 된다.
이 모든 것은 잘못된 것이 아니다. 그저 사랑으로 나아가는 길에서 겪는 한 가지 사건일 뿐이다. 어떠한 억압도 없다. 모든 것이 수용된다. 사랑의 상태에 머무르면 경계는 허물어진다. 사랑은 모든 경계 그 너머에 있는 것이기 때문이다. 모두 함께 사랑으로 나아가게 되는 것이다.
격물치지의 핵심은 나에 대해 알게 되는 것이다. 자연스럽게 너에 대해서도 알게 된다. 나아가 나와 너는 다르지 않으니, 우리 모두는 하나라는 것을 자각하게 된다.
그러하다 보면 자연스럽게 모두를 위한 뜻을 세우게 된다.

성의정심 (誠意正心)
뜻을 성실(誠實)히 하고, 마음을 바르게 가짐

누군가를 위한 일에 목적을 세워본 적이 있는가? 비약적으로 성장하는 사람들의 공통점은, 항상 누군가를 위한 뜻 (성의)이 있다는 것이다.
〈사장학개론〉을 썼으며 사람들에게 사업가의 길을 제시하는 1,000억 자산가 김승호 회장님도 극구 반대하는 사업이 있다. 바로 네트워크 비즈니스다. 그만큼 성공 확률이 낮고 어렵기 때문이다. 그중에서도 극악 난이도로 불리는 '에터미'에서 본부장 직급을 달성한 분을 뵌 적이 있다. 박도이 본부장님의 첫인상은 '여장부'라는 표현이 딱 어울린다. 이순신 장군이 생각날 정도로 강인한 인상을 풍긴다. 현재는 (주)동업자 클럽과 통신업 엑셀의 센터장으로 임하고 계신다.
무엇이 성공의 원천이냐고 물었다. 센터장님은 실패 경험을 말씀해 주셨다. 월에 수천만 원을 벌던 학원 원장 시절 성대를 다쳐 목소리가 나오지 않았다. 학원 원장이 말이 나오지 않으니, 20개 봉고가 돌만큼 큰 규모의 학원이 순식간에 무너져 내렸다. 악재는 겹쳐서 왔다. 가족관계, 사업, 건강, 관계 모든 것을 잃었다.

자신이 중심으로 했던 것은 하나도 남김없이 싹 다 무너져 내렸다고 한다.

그 경험을 통해 무엇을 배웠을까? 센터장님은 자신의 인정, 주관, 머리에 대한 믿음에서 나오는 자부심과 확신 모든 것을 내려놓고 선한 마음에 자신을 내던지게 되었다. 성의정심의 상태에 들어간 것이다. 싹 망하고 나니, 다른 것은 모르겠고 철저하게 네트워크를 따져보고 실행한 결과로 오는 통찰력으로, 진짜 파트너들이 잘되기 위해 도와야겠다는 마음과 뜻을 세우게 되었다. 현재 60이 넘은 그녀로 인해 성공자의 반열에 오른 분은 글로벌로 수십 명에 달한다. 지금도 자신을 필요로 하는 사람이 있다면 전국 전역을 돌며 파트너들을 위해 최선을 다하고 있다.

최근 격물치지 성의정심의 힘을 가장 크게 느낀 사업가가 있다. 통신업 '엑셀'과 '(주)동업자클럽'을 이끌고 있는 회장님이다. 첫인상은 언뜻 강해 보이지만, 아이처럼 맑은 눈을 가졌다. 그에게는 뚜렷한 목적의식이 있다. 서민이 부자 되게 하는 사업. 어느 누구도 1원 한 푼 손해 보지 않게 만드는 사업. 누구나 1억 이상의 수익을 볼 수 있는 사업. 이런 말이 되지 않는 뜻을 세우고, 누구도 감히 실현할 수 없을 것 같아 보이는 사업을 이끌며 실제로 수백 명의 서민들에게 1억 이상의 수익을 돌려주고 있다.

그 이면에는 수 없는 격물의 세월이 있었다. 고객에게 돌아가는 보상을 최우선 했다는 이유로 각 회사에서 5번 내몰렸다.

6번째 사업 시도는 코로나로 무너졌다. 사람과 관계 문제로 수많은 우여곡절을 겪기도 했다. 그렇게 현실에서 갈고 닦이며 세운 것이 지금의 사업이었다. 회장님은 현실에서 닦인 실력을 바탕으로 바른 뜻과 마음을 지니고 있었다. "확신을 가지고 이야기해도 양심에 하나도 찔리는 것이 없는 사업이에요. 되니까!" 그는 항상 비즈니스의 본질을 '제대로 아는데' 있다고 말한다. "알아야 한다!" 격물을 통해 앎에 이르면, 결국 성공으로 가는 마음이 모일 수밖에 없다는 사실을 알고 계신 것이다.

이 책에 '엑셀과 동업' 회장님의 사례를 실은 이유가 있다. 나는 지금껏 수십 명의 멘토님을 뵙고 대화를 나눴다. 하지만 "〈학교를 세운다〉가 하고 일에 자신이 하고 있는 일(엑셀과 동업)을 어떻게 접목할 수 있는가?"라는 질문을 나에게 던진 분은 노 회장님이 처음이다. 항상 나는 배우는 자의 입장에서 인터뷰를 진행했었다. 하지만 회장님은 모두가 잘 되는 뜻을 두고 가는 것이라면, 함께 마음을 모아 동업을 하자고 외친다.

엑셀과 동업은 빠른 속도로 통신 시장을 장악해 나가고 있다. 하루 가입자가 1000명에 육박한다. 나는 성의정심의 힘을 안다. 때문에 지금은 아무도 모르는 이 작은 기업이 과거 카카오톡처럼 괴물 기업이 될 것임을 조심스럽게 예측해 본다.

성의정심의 상태에 머무를 때, 실제로 기적이 일어난다. 큰 사고로 척추가 부러지고, 사지가 마비되었지만 성의정심을 통해 정상인의 상태로 회복 해낸 과학자가 있다. 〈꿈을 이룬 사람들의 뇌〉, 〈브레이킹〉의 저자 조 디스펜자 박사다. 그는 이렇게 이야기한다. "관찰자의 명확한 의도와 고양된 감정 상태를 가질 때 실제 양자 차원에서 창조가 시작된다." 성의정심, 즉 명확한 의도와 감정 상태는 실제로 물리적 실체에 영향을 주어 기적을 만든다.

예수도 동일한 가르침을 전해준다. 예수는 "어떻게 살아야 하는가?"라는 바리새인들의 질문에 심플하게 답한다. "마음과 뜻과 목숨을 다해 하나님을 사랑하라, 그와 같이 네 이웃을 사랑하라."

나의 꿈은 켄 윌버를 전작했을 때 일어났다. 이 책에 나온 온 우주를 만들어낸 질서를 바탕으로, 모두의 의식을 사랑의 상태로 길러낼 수 있는 시스템을 만들 수 있겠다는 생각을 하게 되었다. 성장의 지도, 보편적인 모든 사람들이 사랑하는 삶을 살도록 이끄는 지도. 나는 온 인류의 의식을 성장시킬 사상가이자 작가, 교육자가 되겠다는 꿈을 꾸게 되었다.

성의정심의 상태가 명확해질 때, 사람들의 에너지는 한 방향으로 모인다. 세계적인 마케팅, 경영 전문가 알 리스는 그의 책 〈포커스 경영〉에서 이렇게 표현했다.

"태양은 지구를 향해 수십억 킬로와트의 에너지를 방출하지만, 한 시간 동안 해를 받고 서 있어도 당신이 입을 피해는 조금 그을리는 것뿐이다. 반면에 몇 와트의 에너지라도 한 방향으로만 집중하면, 다이아몬드도 뚫는 레이저 광선이 된다.” 성의정심은 다이아몬드도 뚫는 레이저다.

우리는 명확한 뜻이 있다. “우리는 사람들의 무한한 가능성을 발견하고, 사랑하는 삶을 살도록 이끈다.” 이 뜻을 두고 사람들을 위해 움직였을 때, 그리고 함께 꿈을 나누었을 때 기적이 일어나기 시작했다. 수 백 명의 커뮤니티 사람들이 변화의 경험을 이야기한다. 이 책에 나온 사례들이 그 기록이다.

뜻과 마음이 모을 때 기적이 일어난다.

● Solution Step.3 수신 : 성장은 죽음이다

격물치지를 통해 성의정심의 상태에 이르렀다면 이제는 수신(실행)의 단계다. 당신은 이제 좋은 생각과 마음을 가졌으며, 실력을 쌓아 성과를 낼 준비가 잘 되어있을 것이다.

하지만 단언컨대 세상은 당신을 죽일 것이다. 실수하고, 거절당하고, 욕먹고, 각종 갈등과 고난이 뒤따른다. 깎이고 깎이면서 당신은 성장하게 된다. 절차탁마, 지극한 선에 도달하기 위해서는 끊임없이 배우고 자신을 단련해야 한다.

따라서 수신의 단계에서 실행하는데 가장 핵심이 되는 것은, 위와 같은 고통을 받아들이는 법을 배우는 것이다. 고통을 받아들이는 3가지 방법이 있다.

1. 고통을 겸허히 받아들인다.
2. 고통을 내가 선택한다.
3. 도움을 요청한다.

첫째. 고통을 받아들인다는 것은 책임을 내가 진다는 의미다. 거인이라는 흉물스럽고 끔찍한 놈을 회피하기보다 눈 부릅뜨고 정면으로 마주 보는 것이다. "그래 한번 드루 와봐라!" 하는 생각하고 내가 지금 당장 줘 팰 수 있는 크기로 잘게 쪼갠 후 실행으로 옮겨버리는 것이다.

책임이란 주변 상황에 대해 자신을 포함하여 어느 누구도 어떤 무엇도 비난하지 않는다는 뜻이다. 지금의 상황과 사건, 문제를 받아들이고 스스로 책임질 때, 우리는 있는 그대로의 상황에 대해 창조적으로 반응할 수 있게 된다. 모든 문제는 기회의 씨앗을 품고 있다. 그렇다는 것을 알아차리면 우리는 이 순간을 더 나은 상황이나 더 나은 것으로 변화시킬 수 있다.

예컨대 서로에게 부정적인 영향을 주지만 정 때문에 만나고 있는 친구, 연인 관계를 정리하는 것이다. 막상 지나고 나면 이런 생각이 들 것이다. "해보니까 별거 아니네.. 왜 이걸 진작에 안 했지?"

모든 원인을 나의 것으로 생각하고 겸허하게 받아들이자. 고통을 마주하는 순간, 사실 고통은 아무것도 아니라는 사실을 알게 될 것이다.

두 번째. '고통을 내가 선택한다'는 말은 '삶의 주도권을 내가 가진다'는 의미다. 삶의 문제를 마지못해 처리하는 게 아니라 내가 먼저 선택하고 해결하는 것이다. 나아가 더 큰 책임을 지고, 능동적으로 해결해 내는 대서 쾌감을 느껴버리는 것이다.

삶은 언제나 고통이다. 하지만 이를 받아들이면 삶의 모든 순간에 충족감, 즐거움, 기쁨, 자유, 성취를 이룰 수 있다.

〈학교를 세운다〉에는 마조히스트 마인드가 녹아있다. 팀원들은 업무회의를 하다가 가장 크게 기여할 수 있지만 가장 어려울 것 같아 회피하고 싶은 아이디어가 있다면 그 일을 목표로 삼는다. 제일 피하고 싶은 '바로 그것'이 지금 자신이 할 일이라고 생각하는 것이다.

그리고 목표에 대한 성과를 분기 말마다 발표하고 서로 피드백 한다. 4박 5일에 걸쳐 달성한 목표를 축하하고 회포를 푼다. 그리고 더 다음 분기에 달성할 '더 고통스러운' 목표를 세운다. 미친 목표를 세우고 그 고통을 극복하고 해결해 낼 수 있다는 자신감. 그것이 우리가 살아있음을 느끼게 만들어준다는 것을 경험으로 알고 있기 때문이다.

지금 당장 며칠 몇 달 몇 년을 미루어 왔던 일들의 리스트를 적어보기 바란다. 스스로에게 솔직해질 필요가 있을 것이다. 그리고 그중에서 가장 하기 싫은 감정이 드는 바로 그 일을 지금 당장 처리해 내라. 예컨대 삶을 지옥으로 이끄는 바로 그 사람에게 당장 꺼지라고 말하는 것이다. 그렇다고 너무 애쓰지 않기를 바란다. 모든 것이 성장의 밑거름이 되도록 돕고 있음을 느끼고 감사하자.

셋째. '도움을 요청한다'는 것은 혼자서 고민하지 말라는 의미다. 문제를 해결할 수 있는 지혜는 이미 외부에 존재한다. 도움을 구하는 것은 그 지혜의 힘을 빌려 문제를 해결하겠다는 진지한 태도다. 도움을 구할 수 있는 것도 용기다. 능동적으로 문제를 해결하고자 하는 각오가 있어야 가능한 일이다.

여기서 놓쳐선 안 되는 것이 있다. 완벽하지 않더라도 자신만의 결과를 가지고 도움을 구해야 한다는 것이다. 충분히 이 문제에 대해 숙고한 후에 질문하는 것이다. 그렇지 않은 경우는 이런 상황이 펼쳐진다.

"~한 상황인데.. 어떻게 하면 좋을까요?"

이건 책임 전가다. 어떠한 능동적인 시도도 없다. 아무런 행동도 바탕 되어있지 않다. 내면의 마음은 이런 뜻이다. "이것 좀 해결해 주시면 안 돼요?" 책임감 없는 태도 그 자체인 것이다. 경영의 바이블 〈트랙션〉의 저자 지노 위크 먼은 이런 팀원이 있다면 이렇게 답해주라고 조언해 주었다. "That's your monkey" 네가 처리해야 할 문제라는 말이다.

반대로 책임감 있는 도움 요청은 이렇다.

저는 ~할 '계획'인데

저는 ~하게 '해결하고자' 하는데

저는 ~한 '생각'인데, 어떻게 생각하시나요?

이건 능동적인 해결을 바탕으로 한 도움 요청이다. 어떻게든 행동으로 옮겨서 해결하고자 하는 책임감이 바탕되어 있다. 이렇게 물어보면 정말 바쁘지 않은 한 도와주지 않을 사람이 없다. 누구나 열심히 하고자 하는 사람들을 보면 도와주고 싶은 마음이 샘솟기 때문이다.

성장하고 있는 사람은 내 삶의 금전적 문제, 행복 문제, 가정을 잘 이끄는 문제는 확실하게 해결해 낼 수 있는 사람이며, 나아가 자신의 마음속에 누군가를 위하는 마음, 내 몸과 마음을 가다듬과 온 일류와 사회를 위한 마음을 길러내는 꿈을 품는 사람이다.

문제를 해결하는 힘은 외생변수가 아닌 내생변수다. 격물치지 성의정심하여, 수신제가 치국평천하를 이루는 사람이 되기를 바란다. 아니, 뜻이 같다면 언제든 〈학교를 세운다〉에 동참하시라! 기다리고 있겠다.

10 Pin.

행복

행복의 조건은
조건 없는 사랑

10 Pin. 행복

행복의 조건은 조건없는 사랑

대학가기 게임의 세뇌 : 좋은 집, 차, 여행 등. 행복은 외부 조건에 달려있다.

킹핀 라이프스타일 : 행복의 조건은 조건 없음이다.

● Issue. 반쪽짜리 행복

행복은 당신이 누구인지 진정으로 깨달을 때 자연스럽게 찾아온다. 건축학과에 재학 중이던 당시, 이틀에 하루꼴로 밤을 새워가며 공모전에 참가했다. 밤을 새워가며 논문을 분석하고, 유명한 건축가가 쓴 책이라면 닥치는 대로 읽었다. 그 결과 남들이 1년에 한번 나가는 공모전을 1년에 8번씩 나갔고 나가는 족족 전국 상위 0.1%의 결과를 거두었다.

원동력은 가정을 책임져야 한다는 압박감, 내가 얻을 인정과 성취에 대한 중독이었다. 전국 1등, 대상을 따고 학교로 돌아오면 선후배와 교수님 모두의 관심과 인정을 독차지하게 된다. 다른 학교 학생들도 공모전 노하우를 얻기 위해 나를 찾아오기도 했다. 거기에 따라오는 짭짤한 상금들까지. 학비를 내지 않고 공모전과 장학금으로도 풍요로운 대학 생활이 가능했다. 이대로면 취업도 따놓은 당상이었다.

하지만 어느 순간, '뭘 위해 이걸 하고 있는 거지?'라는 생각이 들기 시작했다. 상을 받은 순간에 인정과 부러움은 얻을 수 있어도, 그 순간이 지나면 매번 깊은 허무함이 몰려왔다. 이 허무함을 달래기 위해 나는 더 큰 성취, 더 큰 인정을 얻어야 한다고 생각했다. 더욱이 지금 가정 상황을보면 허무함 따위를 느낄 시간도 없었다. 그때부터 학교에 간이침대를 놓아두고 살기 시작했다. 잦은 철야작업과 불규칙한 식사로 살도 13

킬로나 빠지고 면역력이 떨어져 감기도 한 달에 한 번씩 걸렸다. 이 찝찝하고 불안한 느낌, 어둡고 힘든 기분은 당연한 거라 생각했다.

사업을 시작했을 때다. 협상, 설득 책을 수십 권 읽고 정리했고, 공모전으로 실전 경험까지 쌓았다. 준비는 끝났다. 축구 인플루언서 대표님과 '광안동 손흥민 만들기 프로젝트'라는 기획서를 짜서, 유튜브에 올렸다. 한 달에 100명이 넘는 인원이 모집되었고, 인당 12만 원의 비용을 받아 순이익이 1000만 원 이상 발생했다. 사업은 순탄하게 발전해 나갔고, 나는 투자 계획과 사업 확장에 힘쓰기 시작했다. 돈도 벌리고 고객들로부터 받는 인정도 컸다.

어느 날 함께 동업했던 대표님께서, 더 이상 나와 함께 일하지 못하겠다고 이야기했다. 나는 응원한다고 이야기는 했지만, 속으로는 멍청한 판단을 내린 것이라고 생각했다.

나는 그 분노를 동기 삼아 더 열심히 일했다. 바보들에게 그들이 포기한 것이 무엇인지 보여주고 증명할 것이라고 다짐했다. 하지만 시간이 지나고 나서야, 내가 더 바보였다는 사실을 알게 되었다. 나는 내 스스로를 옭아매며 불행의 길을 선택하고 있었던 것이다.

나는 내가 인정받을 때, 돈을 많이 벌 때 가장 행복하다고 생각했고 좋은 성과도 내었다. 그런데도 왜 내 현실은 더 불안하고 고통스러워졌을까?

Problem. 경계 세우기

나는 내 스스로를 사랑하지 못했다. 이미 충분히 사랑을 받고 있음을 알지 못했다. 때문에 외부적인 환경으로 그것을 끝없이 증명해 내야 했던 것이다. 내가 가진 기획 실력으로 성과를 내고 있다는 것을 증명하고 싶은 마음, 남들과 다른 길을 가면서 더 성취를 하고 있다는 자부심의 마음, CEO라는 직함, 더 많은 돈을 얻고 싶다는 욕망. 직원들을 통제하고 싶은 심리 등. 온통 나, 나, 나만을 위한 생각밖에 없었다.

나는 진심으로 내가 '사랑'이며 사랑을 줄 수 있다는 것을 알게 되었을 때 자연스럽게 행복해졌다. 밀려들어왔다. 그렇다면 사랑이란 무엇일까? 사랑은 단순히 좋은 마음이 아니다. 모든 조건과 경계, 분별, 기준을 넘어서 있는 것이 사랑이다.

누군가를 사랑해 본 적이 있는지 물어보고 싶다. 정말로 사랑하게 되면 이유가 없어진다. 아버지가 아이를 키우는데 아무런 조건이 없듯 말이다. 우리가 삶을 영위할 수 있는 것도 이유가 없다. 마찬가지로 나 자신을 사랑하는데도, 아무런 조건이 필요 없다.

사랑의 반대는 죄다. 그렇다면 죄란 무엇인가? 원죄를 입은 태초에 아담이 한 일을 돌아보자. 아담이 한일은 자연계에 존재하는 동식물에 이름을 지어주는 것이었다. 정신적 또는 상징적인 구분선을 설정하는 것이었다. 이것은 해, 이것은 나무, 이

것은 동물 등. 나와 내가 아닌 것을 구별하고 나누는 일이었다.

그러한 분별과 기준, 경계는 유용했다. 언어를 활용해서 서로의 생각을 나누고 사물을 구체적으로 다룰 수 있게 되었다. 하지만 그것은 분열의 대상이 되어 누군가와 그것 아님을 가르게 되었다. 판단하고 분별하는 도구를 너무 믿은 나머지, 경계를 가르고 서로 분리된 것이다. 따라서 아담이 지은 원죄란 '근원적 분별'이라고 할 수 있다.

우리는 이 원죄의 영향을 죽을 때까지 받는다. 하지만 경계의 분화가 없으면 성장도 없듯이, 이러한 경계 또한 성장을 위한 발판이다. 활용하고 누리기 위한 것이다. 인정받고 싶은 마음, 성공하고 싶은 마음 등을 충분히 즐기는 것이 우리의 의무다. 하지만 이러한 마음을 즐기되 그 자체에 집착하지는 않는 것이 중요하다.

그렇지 않으면 우리는 다시 원죄의 근원적 분별의 늪으로 빠져들게 된다. 나아가 사랑이란 이런 경계를 포함하되, 집착하지 않고 초월해 있는 것이다. 다시 말해 실체의 차원에서는 선도 악도 존재하지 않는다. 그저 그러한 일면을 나타낼 뿐이다.

● Solution. 경계 허물기

따라서 행복은 그 어떤 조건도 내려놓을 때 얻게 된다. 내려놓을 때 사랑의 상태에 거하게 된다. 성경에서 이야기하는 거듭남, 부활의 의미가 이것이다. 내가 동일시하는 그 무엇에서 벗어나는 것이다. 그러기 위해서는 먼저 자신이 머물렀던 과거가 죽어야 한다.

하지만 자신이 동일시하는 것 앞에서 우리의 마음은 어떻게든 그 동일시를 멈추고 싶지 않아 한다. 때문에 경계 지음에서 오는 그 고통에 사로잡혀서 스스로에게 고통을 준다. 하지만 고통은 행복의 신호다. 고통은 당신이 동일시하는 것을 놓아버리고 행복해지라는 신호다.

사업을 하다 보면 모든 것에서 판단할 것, 고민, 걱정거리들이 밀려온다. 그 감정에 묻혀서 아무것도 하지 못하는 상황에 놓이기도 한다. 각종 스트레스 받는 상황이 끝없이 뒤따른다. 하지만 무한한 풍요는 아무런 조건 없이 나에게 온다는 사실을 받아들일 때, 즉 조건 지어진 풍요를 놓아버릴 때 문제는 풀리기 시작한다.

나는 명상을 하면서 생각한다. '내가 고통받는 것은 내가 또 무언가를 나와 동일시하고 있구나. 인식하고 떠나보내자.' 당신이 지금 살기 위해 애를 쓰고 있거나, 지금 이 순간 행복하지 못하다면, 뭔가 찝찝하고 괴로운 마음을 보지 않으려고 한다면. 당신은 지금 무언가를 판단하고 있고, 선악을 가르고 있는 중이다. 그곳에서 당신은 결코 행복해질 수 없다.

하지만 그 또한 잘못된 것은 아니다. 고통이 오는 것은 당신이 '진짜 당신'을 향해 깨어날 준비가 되었다는 신호다. 반복한다. 사람들이 세상은 나에게 고통을 주고 힘이 든다고 이야기한다. 아마 그 속에서 그런 고통을 마주하는 것이 쉽지 않을 수 있다. 하지만 실제는 반대다. 세상이 고통스러워 보이는 것은 당신이 진짜 사랑의 마음으로 깨어나기 위한 축복이다.

이를 깨달을 때 우리를 괴롭히는 갈등은 종결된다.

"사랑은 모든 경계 너머에 있다. 고로 당신은 무한한 가능성이다." 나는 이 이야기를 할 때마다 신기한 경험을 한다. 사람들은 자신이 세상에 큰 도움이 될 수 있다는 이야기를 들을 때 항상 깊은 감동을 받는다.

심지어는 가장 이타적인 것과는 거리가 먼 사람들도. 다시 말해 돈만을 밝히고, 인정, 성과와 자신을 동일시하던 나 같은 사람들도 마찬가지다. 나는 그 이유가, 물질적인 인간 그 이면의 '진짜 자아'를 건드렸기 때문이라고 본다. 당신은 온 우주를 만들어낸 에너지 그 자체다. 우주의 흐름은 사랑에 맞추어져 있다. 순리란 무엇인가. 자연이 작동하는 방식이다. 결국 인간과 만물을 만들어낸 원리가 있다면 그 자체가 신의 의지일 것이다.

그렇다면 신의 의지란 무엇일까? 빅뱅 이후 아원자부터 분자로, 분자로부터 세포가, 세포로부터 동물이, 동물로부터 당신의 육체가, 육체로부터 정신이, 정신으로부터 영이 만들어져 왔다. 결국 우주의 흐름은 세상을 더 이롭게 만드는 선함으로 나아가는 것, 사랑으로 일체 되는 것이다. 이것이 우주가, 아니 당신이 가장 원하는 바이다.

사랑은 우리 내면 가장 깊은 곳에 있는 진짜 자아다. 이를 알고 있으면 삶이 극적으로 바뀐다. 그것이되, 그것이지 않을 수 있다. 각종 번뇌와 어려움, 갈등과 고통, 욕망과 두려움을 느끼되, 그것을 알아차리고 내려놓는다. 어느 하나에도 얽매이지 않는 물 같은 사람이 된다.

지금부터는 우리가 행복을 위해 즐겨야 할 것에 대해 이야기해보자.

● So far. 똑똑한 이기주의자는 돕는다

달라이 라마는 이렇게 조언해 주었다. "나의 행복만을 추구하는 것은 반쪽짜리 행복이다.", "만약 당신이 이기적인 사람이 되고자 한다면 매우 지능적인 방법을 택해야 할 것이다. 이기적인 사람이 되는 어리석은 방법은 우리가 늘 그렇게 하듯이 우리 자신만의 행복을 추구함으로써 점점더 비참해지는 것이다. 반면 이기적인 사람이 되는 지능적인 방법은 다른 사람들의 안녕을 위해 노력하는 것이다. 그렇게 함으로써 내적인 기쁨을 얻게 되기 때문이다."

과거의 나는 멍청한 이기주의자였다. 나의 성공에 행복이 있다고 생각했고, 그 결과 점점 더 끝없이 공허한 인정과 성취에 중독되어갔다.

진짜 행복해지기 위해서는 '지능적인 이기주의자'가 되어야 한다. 다른 사람을 돕는 것이 스스로에게 더 큰 기쁨을 준다는 것을 이해하고 그 욕구를 더 따르는, '더 지능적인 욕심쟁이'가 되는 것이다. 한걸음 더 나아가 보자.

그저 좋은 말을 하는 것이 아니다. 객관적으로 봐도 인간에게 '다른 사람을 돕는 것' 그 자체가 보상이다. 인간의 뇌는 내가 타인에게 꼭 필요한 존재라는 걸 느낄 때, 내가 하는 일이 누군가에게 도움이 된다는 사실을 알 때 도파민을 분비한다. 이것이 인간 뇌의 '보상체계'가 작동하는 방식이다. 사회심리학자 매튜 D. 리버먼은 〈사회적 뇌〉에서 이렇게 이야기한다. “인간은 다른 사람이나 집단에 대해 관계를 강화시키는 여러 사회적 단서나 사건 또는 행동을 주의 깊게 살핀다. 이런 것들은 실제로 뇌의 보상체계를 활성화시키는 경향이 있기 때문이다.”

내가 가치 있고 소중한 존재라는 믿음, 다시 말해 다른 사람에게 도움이 된다는 감정이다. 즉, 공헌감이라 말한다. 심리학자 알프레트 아들러는 이렇게 이야기한다. “인간의 모든 고민은 관계라는 그림자가 짙게 드리워져있다. 행복 또한 마찬가지다. 내가 사람들에게 도움이 되는 존재라는 인식과 함께 내가 누군가에게 도움이 되고, 실제로 그렇다는 것을 실감할 때보다 더 기쁜 일은 없다.” ‘내가 소속되어 있는 집단에서 자신의 역할이 기여되고 있다는 느낌, 내가 하는 행동이 주변 사람들과 사회에 도움이 된다는 느낌.’ 이것이 인간 행복의 핵심이다. 이때 우리 뇌는 마약과도 같은 중독 반응을 보인다.

이 책을 쓰는 일도 그렇다. 내가 강하게 믿는 바를 사람들과 나누고 싶었기 때문에 매일 밤을 새워가며 책을 읽고, 멘토들을 찾아다니며 질문을 던진다. 내가 겪었던 그 고통을 덜어주고 싶었고, 그 경험이 타인들에게 도움이 될 수 있다는 것을 알았다. 더 나은 삶을 살게 되고 책임을 지는 삶을 살 때, 조금이나마 도움이 되었음을 느낄 때 행복감을 느낀다. 진정으로 행복해지고 싶다면, 위해 내 개인적 이득과 성취를 좇기보다 다른 사람을 사랑하는 데 집중해야 한다. 당신도 이 글을 통해 진짜 행복을 향해 나아가기를 바란다.

행복은 보상을 바라지 않고 돕는 데서 온다.

Epilogue

사랑은 경계 너머에 있다

사랑을 찾아온 여정을 함께해 주신 당신께 감사 인사를 보낸다. 진심으로 감사의 인사를 전한다.

퇴고까지 3년 반이 걸렸다. 수만 시간, 끊임없는 인내의 시간이었다. 수천 권의 책과 새로운 만남, 갈등과 이별, 괴로움과 고통을 거쳐 20대에 흔들리지 않을 삶의 정신적 기준들을 세울 수 있었다. 하지만 안다. 이 책이라는 결과도 나를 수없이 깨어낸 결과이지만 이 또한 깨어질 것이라는 것을.

문득 이 책은 사랑 앞에서 아무것도 아니라는 사실을 알게 되었다. 이 책도 결국 사랑으로 향해가는 지도일 뿐 사랑 그 자체일 수 없다. 달을 가르치는 손가락일 뿐, 이 책에 나오는 기준들로는 결코 사랑을 모두 설명할 수는 없다.
그래서였을까. 사랑을 말하고는 있지만 망설여졌다. 사실 무언가를 엄청나게 미루는 성향도 아닌데, '왜 계속 집필을 미루게 될까?'라는 고민을 하게 되었다.

고민 끝에, 내가 사랑에 대해 결론을 내려고 해서 그렇다는 사실을 알게 되었다. 사랑은 삶에 대한 고민이다. 삶은 죽기 전까지 결코 결론지을 수 없다. 나의 고민은 결론을 내야만 한다는 생각 자체가 불러온 집착이었다.

인생이란 그냥 자기가 하고 싶은 일을 하는 것이다. 나는 사랑을 향해 나아가는 그 여정이 좋다. 그저 그 자체가 좋다. 그냥 끝없이 찾아나가고 도전하고 실패하고, 또 도전하는 게 우리가 나아갈 방향성이다.

나는 지금까지 그 여정을 해온 멘토님과 선생들의 말을 마음에 받아 적고, 현실에서 깨지면서 적어도 올바른 방향으로 나아가고 있다는 것을 조금이나마 느낄 수 있을 뿐이다. 나는 사랑 안에 살고 있는가? 집필을 끝내면서도 여전히 나에게는 새롭다.

아버지, 저는 아버지가 고통만 준다고 생각했습니다. 그래서 당신이 너무 미웠습니다. 하지만 그 고통은 저를 성장시킨 가장 큰 가르침이었습니다. 지금에 와서야 깨닫게 되었습니다. 당신은 저를 성장시켜 주신 가장 큰 스승입니다. 감사합니다. 미안합니다. 사랑합니다.

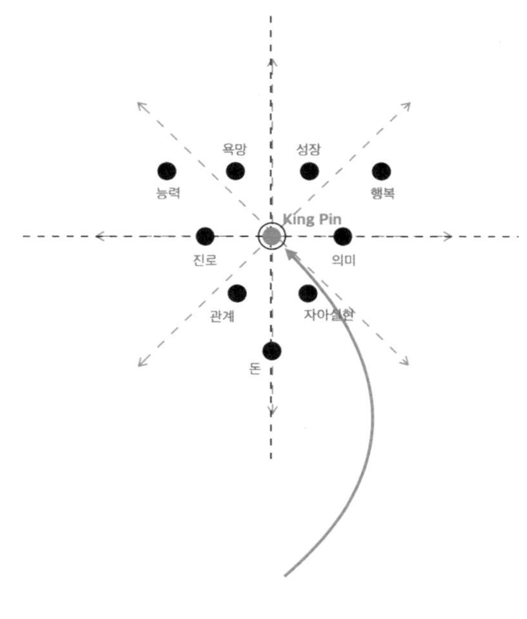

욕망
성장
능력
행복
King Pin
진로
의미
관계
자아실현
돈
Strike!